Foto di Enrico Pofi

Revisione del testo a cura di

Lorena Caccamo
sito: servizieditorialiloreca.wordpress.com
email: loreservizieditoriali@gmail.com

© 2019 Il Terebinto Edizioni
Sede legale: Via degli Imbimbo, n. 8, Scala E
83100 Avellino
tel. 340/6862179
e-mail: terebinto.edizioni@gmail.com
www.ilterebintoedizioni.it

MAURIZIO CHIANTONE

SOUND ART
PERCORSI DELLA CREATIVITÀ

TEREBINTO
EDIZIONI

A mamma Felicia e papà Roberto.
Genitori e mèntori speciali.
Grazie per questa vita.

A mia moglie Paola,
campionessa di pazienza, tenacia e fiducia.

INDICE

\ SOUND ART

Introduzione /

Questo libro esamina l'emergere e lo sviluppo della sound art, anche definita arte sonica o arte installativa sonora (fra le tante definizioni possibili), una tradizione ormai consolidata che si è sviluppata a partire dagli anni '50 intorno alla musica, l'architettura e le pratiche dell'arte mediatica.

A differenza di molte opere musicali che riguardano l'organizzazione dei suoni nel tempo, installazioni e performances soniche hanno una forte correlazione con lo spazio e di conseguenza con il complesso di interventi necessari alla creazione di ambienti acustici ottimali; esse richiedono quindi nuovi modelli tecnici, teorici e analitici per meglio predisporsi alle diverse soluzioni legate alle problematiche di localizzazione spaziale.

I discorsi inerenti la diffusione panoramica delle vibrazioni privilegiano le descrizioni sui sistemi e sulle pratiche relative alla posizione del suono. In aggiunta, qui si vogliono esaminare i modi in cui i concetti di spazio sono socialmente, culturalmente e politicamente interpretati, e come le opere sonore, organizzate spazialmente, riflettono e resistono a queste diverse costruzioni concettuali.

Utilizzando una metodologia interdisciplinare di analisi e studi critici sulla musica, ma soprattutto attingendo ai profili teorici ed esperienziali di artisti scelti per il loro sostanziale contributo in quest'area delle arti (naturalmente molti di essi non sono citati in ragione della natura e degli obiettivi di questa I^a edizione), in questo testo saranno proposte alcune tematiche che, per le loro specificità di argomentazione, possono meglio avvicinarci a una comprensione più vasta dell'arte del suono.

Tali discussioni possono essere così descritte:

- concezioni dello spazio acustico nella musica d'arte occidentale, nell'architettura e nella teoria dei media;
- sviluppo di impianti di installazione sonora in relazione alle filosofie della vita quotidiana e dello spazio sociale;
- legami storici tra prestazioni musicali (performances), arte concettuale e scultura sonora;
- uso del corpo come sito per installazioni sonore; strategie spaziali soniche che affrontano la politica delle differenze e del genere.

Attraverso queste modalità di ricerca si giunge alla proposta di un modello *ontologico* utile per un accesso al mondo del suono più consapevole: un oggetto di indagine critico che possa essere di stimolo a un ascolto aperto e *ridotto*, come definito da Schaeffer, e che privilegi una comprensione del suono e dell'arte in relazione alle caratteristiche peculiari dello spazio, del luogo e del tempo.

PERFORMANCE E INSTALLAZIONE /

Facciamo tesoro della ricchezza semantica del vocabolario della critica d'arte (e in particolare della critica d'arte contemporanea) per risolvere una prima ambiguità: quella tra performance e installazione. In termini elementari, la critica d'arte utilizza l'espressione performance per descrivere l'azione di un soggetto in cui sia centrale il farsi, il darsi a vedere nel modo e nel momento in cui il lavoro si compie.

Il valore artistico della performance non è dato dal risultato e dal prodotto finale dell'azione (che può, semplicemente, mancare: è il caso dei lavori della più famosa performer contemporanea, Marina Abramovic) ma dall'azione stessa.

Il prodotto della performance può essere differito nello spazio (esposto come oggetto), nelle forme linguistiche (la performance può essere filmata e mostrata successivamente in modalità video), oppure può coincidere con il resto della performance stessa (esemplare il caso dei set lasciati dopo le performance di Paul McCarthy).

Al contrario, nell'installazione, la centralità del fare (e del farsi in contemporanea all'esperienza di fruizione) può essere subordinata e lasciata fuori dal lavoro dell'artista, perché la condizione artistica è data dal suo risultato e, in particolare, dalla sua collocazione *site specific*.

La differenza tra performance e installazione è dunque essenzialmente di tipo temporale: la performance è un'azione puntuale, situata e caratterizzata da una necessaria estemporaneità, mentre l'installazione presuppone un'orizzontalità lineare e una durativití del risultato. L'asse temporale non può essere rappresentato senza una declinazione e un'influenza di tipo spaziale: la performance contamina lo spazio con cui entra in contatto, lasciando dei residui volatili destinati alla scomparsa, mentre l'installazione modifica (diremo più avanti: taglia) lo spazio producendo una sostanziale ri-semantizzazione.

Ancora qualche notazione che, nell'obbligata approssimazione, ci sembra utile: l'impiego del termine/ concetto di performance riflette una tendenza precisa dell'arte novecentesca (erede delle esperienze del futurismo, del dadaismo, dell'happening, legata alle sperimentazioni di body art, Fluxus e arte concettuale, a partire dagli anni sessanta, con le esplorazioni di Yves Klein, Piero Manzoni, Jim Dine, Claes Oldenburg e Robert Rauschenberg), e ha quindi un valore definitorio oltre che funzionale (si può parlare di performance a partire dagli anni settanta con Laurie Anderson, Joseph Beuys, Hermann Nitsch, Gilbert & George, Vito Acconci e Marina Abramovic, come di ready made dopo Marcel Duchamp). L'uso del termine installazione cerca prima di tutto di rendere conto di un progressivo spostamento dell'arte dal modello testuale dell'opera.

Si parla di installazione (così come di lavoro d'artista, di intervento) *invece che* di opera, per rafforzare alcune caratteristiche dinamiche della produzione artistica a livello temporale e spaziale (nel concetto di installazione è presupposta la centralità dello spazio in cui il lavoro è installato, cioè inserito, secondo una pratica alternativa a quella dell'esposizione).

È evidente che la dimensione del fare (e in particolare il suo livello processuale, molto più di quella del *saper fare*) segna lo statuto dell'arte contemporanea. Non è possibile qui rendere conto della complessità dell'argomento (De Oliveira, Oxley, Petry 2004): la critica d'arte si è interrogata non solo sullo statuto dei suoi oggetti di analisi e studio, ma anche sul modo in cui è possibile trattarli linguisticamente, e questo percorso di studio ha alcuni dei risultati più interessanti nelle posizioni di Nicolas Bourriaud, che propone un superamento dell'alternativa tra performance e installazione attraverso il concetto di *estetica relazionale*, secondo cui il processo più importante che si è verificato dall'inizio dell'arte moderna è stata la trasformazione dell'opera da monumento a evento (Bourriaud 1998); oppure attraverso la nozione di *post-production*, per cui non si tratta di elaborare una forma sulla base di materiale grezzo, ma di lavorare con oggetti che sono già in circolazione sul mercato culturale, cioè oggetti già informati da altri oggetti (Bourriaud 2002; Dusi e Spaziante 2006).

È fin troppo ovvio sottolineare che nella performance
la dimensione centrale è quella performativa
(nell'azione del soggetto creatore, e in quella
esperienziale del fruitore): meno scontato è riflettere
su come nell'installazione d'arte urbana, il terreno sul
quale si gioca la (possibile) produzione di senso sia
quello della competenza. E sui termini in cui si articola
la negoziazione e il dialogo tra il *sistema dell'arte* e il
sistema del fruitore all'interno di due forme di produzione artistica fondate rispettivamente su una centralità
della performance e su una problematizzazione della
competenza.

È chiaro che non si tratta semplicemente della
polarizzazione enunciazionale propria di ogni forma
di produzione testuale (e quindi anche artistica): in
gioco vi è l'assoluta peculiarità del sistema dell'arte
contemporanea, che non è confrontabile con nessun
altro sistema di produzione né testuale, né artistica e
che colloca, come vedremo, lo spettatore/fruitore in
una posizione altrettanto particolare.

Spostando la nostra attenzione sugli interventi d'arte, otteniamo un'ulteriore articolazione: a ciascuno dei
discorsi/saperi corrisponde uno *spazio*, secondo una
modellizzazione che può essere esemplificata così:
quando il fruitore entra nello spazio del sistema dell'arte si prepara a una totale subordinazione al sapere e
al discorso che lo ospita; possiede un'enciclopedia semantica che gli consente di interpretare le pratiche di
produzione artistiche che sono coerentemente collocate
all'interno dello spazio di una galleria, di un museo o

all'interno di quel particolare esempio di spazio testuale che è la rivista di critica. Oppure, molto più spesso, non ha in comune con il sistema dell'arte queste competenze e, secondo una formula ormai abusata, *non ci capisce niente.* Sulla possibilità di non capire l'arte contemporanea (o sulla sua necessità) potremo ritornare ma, per ora, è importante segnare un punto fermo: il sistema dell'arte contemporanea si è stabilito sulla base di un sapere, un'enciclopedia, che si traduce in pratiche del fare (non necessariamente di saper fare) che determinano e circoscrivono uno spazio proprio, contemporaneamente topico ed eterotopico. Dove cioè la sanzione (e il mandato) dell'azione artistica si risolvono (e coincidono) con l'esistenza di una competenza e con il darsi di una *performance* (è quello che chiameremo lo statuto tautologico dell'arte contemporanea).

Questo statuto, di grande interesse dal punto di vista teorico, è il nodo attorno al quale dovrebbe rifondarsi una semiotica dell'arte contemporanea ma insieme muta che quantomeno entra in crisi quando il sistema artistico esce dal *proprio spazio* per incontrare lo spazio della città.

La presenza di un'installazione d'arte contemporanea in uno spazio non dev'essere letto soltanto come una presenza (che pure è la radice fondamentale del concetto stesso di in-stall\a\zione: c'è lo stato in luogo dell'azione artistica), ma come un'uscita da uno spazio e un'entrata in un altro. E quindi come un'uscita di un sapere e di un discorso verso/dentro un altro. In termini ancora più semplici: se il fruitore entra nello spazio artistico portando con sé una competenza alternativa a quella artistica, può non capire (e mettere in atto una qualche forma di decodifica aberrante), oppure può liberarsene e accettare di accogliere su di sé quello del sistema ospitante ("non capisco, ma mi adeguo", oppure, ulteriore nodo di complessità che da solo basterebbe a giustificare una totale rilettura della semiotica d'arte, "non mi piace ma capisco").

Ma cosa accade quando il sistema artistico porta dentro allo spazio urbano il suo sapere/discorso? Come si articola la comprensione, la non comprensione o la spoliazione? Innanzitutto questo processo avrà caratteristiche diverse nel caso della performance e in quello dell'installazione.

Nella performance urbana l'artista esce dal *discorso dell'arte* (cioè dai luoghi di narrazione della sua esperienza creatrice) senza però disgiungersene mai del tutto: in un certo senso si può dire *che porta con sé* una serie di pratiche discorsive che *riparlano*. Lo spazio urbano della performance è uno spazio essenzialmente utopico, perché è luogo di performance, mentre la dimensione eterotopica è totalmente delocalizzata nello spazio del *discorso*, e quella paratopica è *asciugata* dalle altre (il saper fare coincide con il fare, oppure è già presupposto nell'esistenza del mandato: un artista fa in quanto tale e perché il discorso artistico lo autorizza a fare/essere). Come affermare che nella città si svolge una performance che viene mandata e sanzionata in un altro spazio, escludendo completamente gli abitanti dello spazio urbano a una forma di interpretazione e di sanzione.

I cittadini (intesi qui come soggetti dotati di un sapere e operanti un discorso di ri-narrazione interpretativa nello spazio della città), per poter avere esperienza di una performance urbana devono per forza attrarre su di sé la competenza artistica. Oppure rimanerne estranei, distratti, stupiti, non coinvolti, irritati (cioè attivare pratiche di decodifica aberrante); o, ancora, esserne divertiti, stimolati, subire un investimento valoriale essenzialmente patemico ed emozionale e, in minima, parte cognitivo.

Si pensi alle possibili reazioni, per i non addetti ai lavori, a performance urbane quali Rirkrit Tiravanija, Santiago Sierra, Francis Alÿs o di Jeremy Deller.

Nell'installazione, al contrario, si presuppone un dialogo e quindi una maggiore articolazione delle tipologie di spazio: l'artista può riconoscere alla città la sua funzione di spazio paratopico, in cui cercare delle competenze (esplorare e condividere i saperi e le enciclopedie d'uso di quel particolare spazio) prima di agire la propria performance e, soprattutto, si dispone a riconoscere il fruitore come co-sanzionatore (raramente prescrittore piuttosto *guida*) della sua azione artistica. C'è qualcosa della permanenza dell'installazione che rende l'incontro d'arte maggiormente dialogico: se, insomma, lo statuto della performance è quello del confronto critico tra competenze (crisi produttiva e non fine a se stessa, perché elemento progettuale e necessaria alla produzione del senso), l'installazione è il luogo in cui le competenze vengono negoziate.

Prima di leggere alcune installazioni riferite a questa esperienza dialettica, è però necessario porre ancora due interrogazioni: alla semiotica dell'arte contemporanea e alla semiotica dello spazio, di cui ci interessa qui essenzialmente una componente, quella monumentale.

SEMIOTICA DELL'ARTE CONTEMPORANEA E DEL NEO-MONUMENTO /

Quale semiotica e per quale arte? Non è possibile qui articolare una proposta di rifondazione del dialogo tra ermeneutica semiotica e arte, ma nemmeno si possono eludere alcune questioni centrali. Quel *sistema dell'arte* di cui abbiamo parlato finora è certamente una galassia di nebulose spesso lontane fra di loro molto più di quanto non sia un insieme coeso e uniforme: la proposta di Nathalie Heinich di pensarlo non come un momento dell'evoluzione artistica ma come un *genere* dell'arte (Heinich 1998, 2007) per quanto discutibile, fotografa bene lo stato di una difficoltà di definizione. Almeno per quanto riguarda la coerenza possibile di una forma o di un linguaggio: l'arte contemporanea è il luogo della molteplicità delle forme e dei linguaggi, delle ibridazioni e della compresenza.

Proviamo però a fissare alcuni punti fermi, almeno ai tre livelli che qui ci interessano:
• Il sapere
• Il discorso
• Lo spazio
Il sapere dell'arte contemporaneo è un meta-sapere, basato su un concetto di enciclopedia come rete di implicazioni logiche e cognitive in cui nessun elemento può darsi singolarmente, ma solo in una *relazione* con tutti gli altri. La preposizione per cui "non si capisce niente" dell'arte contemporanea è (sempre) parzialmente scorretta.

Può essere difficile (o impossibile) fornire un'interpretazione e una comprensione del singolo evento, ma

19

questa difficoltà si risolve quando la singola occorrenza è messa in relazione con tutte le altre che compongono il sistema.

Il sapere dell'arte contemporanea ha una dimensione rizomatica e policentrica, in cui la produzione di senso è sempre subordinata a un'azione altra: oltre il simbolo barthesiano, occupa una posizione di meta-senso.

Per questa ragione è così complesso esplorare la dimensione passionale dell'esperienza artistica contemporanea: mi piace? mi empatizza? mi coinvolge? Contrariamente a una vulgata che la vuole luogo della spontaneità, dell'improvvisazione e dell'immediatezza (anche difficile, antagonista, distante), l'arte contemporanea può essere definita compiutamente semiotica. L'esperienza dell'arte contemporanea non può darsi se non a partire da una condivisione del sapere e del sistema di competenze, una dimensione metatestuale, in cui al lavoro (ed esplicitamente richiamate) sono una serie di pratiche di riconoscimento/espunzione delle competenze enciclopediche.

Se l'azione dell'artista è sempre un gesto meta-critico, la sua esperienza è un lavoro meta-interpretativo: una forma di narrazione speculare a quella della sua creazione, in cui non può avvenire performance senza l'acquisizione e il trattamento delle competenze; in questo senso il fruitore di arte contemporanea non è *distante* dal creatore come frequentemente nella diffusione semplicistica, ma al contrario gli è *affiancato*, implicato in un percorso parallelo e perfettamente identico al punto che l'esperienza dell'arte contemporanea può essere considerata come paradigmatica dell'esperienza dello spettatore e del fruitore postmoderno. Allo stesso tempo, nell'arte contemporanea non sono concesse necessità e pertinenza di una produzione di senso: in modo differente dalle strutture artistico-testuali sulle quali la semiotica ha tradizionalmente esercitato la propria riflessione e applicazione, le si può attribuire piuttosto la produzione di un non-senso e di una significazione antagonista e critica. Questo non significa semplicisticamente che l'arte contemporanea *non abbia senso*, ma che venga presupposta e istituzionalizzata la crisi della significazione: fare semiotica dell'arte contemporanea significa quindi provare a riflettere su una semiotica del non-senso, seguendo un'intuizione che è già preconizzata in Barthes (1970). Una *semiotica del reale* (utilizzando la nozione di *reale* in un'accezione propria alla psicoanalisi lacaniana), in cui la non-comprensione da parte del fruitore non è da considerarsi un caso di decodifica aberrante o non funzionante ma, al contrario, è presupposta (e istituzionalizzata) dallo stesso testo di partenza. In questa ottica la facoltà di *non produrre senso* dell'arte contemporanea è ancora *semiotica* perché si può rappresentare sia come risultato di un'azione insensata e incensante (ad esempio come performatività pura e assoluta, *selvaggia* e pre-segnica, come farebbero pensare certe esperienze di body-art che potremmo chiamare, kristevianamente, *immaginarie*: il *non saper fare* a cui si accennava in precedenza), sia come un lavoro incessante dentro al linguaggio, in cui vengono esplorati i confini e i limiti della stessa produzione segnica (una sorta di *saper fare*, come è sperimentata nelle forme di arte concettuale, da Joseph Kosuth a Damian Hirst che producono senso a partire dal non-senso).

Queste due componenti possono essere ricompresse all'interno di un'ulteriore assunzione: l'arte contemporanea è tautologica, secondo una nozione assimilabile a quella che Roland Barthes (1967) attribuiva al sistema della moda (in questo senso l'arte contemporanea *è moda* e *non è una moda*). Da qui si produce il *problema fondamentale* della critica d'arte (non si dà attribuzione dello statuto di opera d'arte al di fuori del circuito stesso: la presenza nella rivista o nello spazio espositivo o nella galleria *certifica* e non *ratifica* che un oggetto è arte), ma ha anche una precisa pertinenza semiotica: se il lavoro interpretativo è narrativo, non può darsi sanzione (e giudizio) al di fuori del sistema che ha attivato il mandato (si pensi alla differenza rispetto, ad esempio, al sistema cinematografico),

Ma, ancora più importante, non può esserci approvazione fuori dallo *spazio* del mandato: cosa accade allora quando questa particolare modalità di sapere e di discorso esce dallo spazio che lo certifica e lo sanziona ed entra in relazione con lo spazio della città (e quindi con il suo discorso e il suo sapere)?

La presenza di un'installazione d'arte contemporanea nel tessuto urbano è eccentrica anche rispetto a molte delle riflessioni sulla semiotica architettonica o urbanistica, essenzialmente perché il suo *stare nello spazio* testuale cittadino (la città come testo nel quale si inscrive, per riscriverlo, l'evento d'arte) non è dell'ordine dell'armonia e della compenetrazione ma, piuttosto, della puntualità, della frattura e della differenza.

Il ruolo che l'installazione d'arte occupa nello spazio cittadino è assimilabile a quello del monumento che è, a tutti gli effetti, una presenza di tipo neo-monumentale. Non un monumento-logo, secondo la feconda accezione di Isabella Pezzini (Pezzini 2007), ma piuttosto un monumento *punto cieco*, che deve darsi alla massima visibilità (è sempre, letteralmente, un punctum) ma che non consente attraverso di esso una visibilità della città: osservandolo e concentrando su di esso l'attenzione si perde la profondità di campo dello spazio circostante. La funzione del monumento è ampiamente sviluppata da Paolo Fabbri (1999), che ne mette in evidenza la dimensione di persuasione/dissuasione (inscritta nella radice moneo), cui potremmo aggiungerne un'altra, complementare: il monumento *non contemporaneo* è segno di testimonianza, segno della continuità e dell'assecondamento della competenza, luogo di un'esperienza tranquillizzata e di una performance preordinata e controllata, di un riconoscimento della competenza e dell'azione che esso implica.

Viene *riconosciuto* come opera d'arte, in quanto appartenente a un sapere e a un discorso comune e viene *praticato* secondo consuetudini d'uso condivise (lo visito, lo osservo, lo aggiro, mi ci siedo sopra se mi è consentito...).

È un soggetto enunciato nello spazio a cui corrispondono pratiche d'uso da parte di soggetti enunciazionali dello spazio a esso corrispondenti (Marrone 2001): questo stesso statuto è condiviso anche dagli interventi di artisti (contemporanei anche se con alle spalle molti decenni di esperienza artistica), che hanno per certi versi perpetrato la tradizione dell'arte monumentale urbana, come Giò Pomodoro o Claes Oldenburg e Coosje van Bruggen. Al contrario, l'installazione contemporanea urbana mette totalmente in crisi la funzione di soggetto enunciato e inibisce la modellizzazione di una pratica d'uso così come l'intervento d'arte *non site specific* (e variamente esposto o presentato) mette in crisi una forma stabile di spettatore modello

(Marin 1994, Casetti e Di Chio 1986, Casetti 2005). Di fatto, l'installazione di arte contemporanea nel tessuto urbano costringe ogni esperienza di fruizione a porsi alcune domande implicite: come/perché posso definirla un'opera d'arte? Qual è il suo senso artistico (la sua significazione artistica)? Posso considerarla equivalente alle altre forme di presenza artistica nel tessuto urbano alle quali sono abituato? In che modo la sua forma di produzione artistica dialoga con il sistema di coerenze e isotopie semantiche nel quale viene collocata? Come cambia lo spazio urbano, dal momento che *parla* un linguaggio diverso?

In un certo senso, dunque, l'installazione di arte contemporanea non rende possibile ma *presuppone*, istituzionalizza, una decodifica *anomala* da parte del soggetto sociale spaziale.

Rispetto alla domanda su «come superare l'opposizione tra una morfologia che tratta dei substrati materiali e una semiologia che riduce il senso a ciò che può essere significato?» (Pellegrino e Jeanneret 2007), si tratta piuttosto di chiedersi come la semiologia può ricondurre il senso a qualche cosa che esplicitamente mette in crisi la possibilità di essere significato ma che ostinatamente continua a lavorare intorno a questa possibilità; non si tratta (solo) di problematizzare la definizione di un *discorso urbano* (la città come enunciato urbano e come oggetto di un'interpretazione), ma di leggere l'inserzione all'interno di questo discorso, di una forma testuale slabbrata, processuale, ma pressante. L'interpretazione semiotica dell'installazione urbana, si fa così vicina a un lavoro di traduzione intersemiotica. Più precisamente il lavoro dell'interpretazione semiotica coincide con una contro-traduzione, ovvero con il tentativo di far riemergere il segno linguistico che ha innescato la pratica di significazione non linguistica. In alcuni casi (esemplare, come vedremo, quello di Alberto Garutti) la presenza del segno linguistico è esplicita, seppure laterale e delocalizzata (il titolo, la didascalia che indica l'obiettivo e il significato dell'opera), in altri è limitata al discorso concettuale che sta dietro l'opera, al testo linguistico che la informa senza manifestarsi. In questo senso, l'installazione artistica è la traduzione di un testo perduto o di un testo nascosto, senza il quale però non può prodursi interpretazione del testo di arrivo. Rispetto alle forme tradizionali di traduzione intersemiotica, in cui la trasposizione si compie nel passaggio da un sistema segnico a un altro, nel caso dell'arte contemporanea, la traduzione si compie nell'attuazione tra il pre-sistema dell'elaborazione concettuale del senso dell'opera (che precede il *fare* e il *farsi* del testo artistico) e la codifica (audiovisiva, figurativa, spaziale).

Rispetto alla funzione monumentale, l'installazione di arte contemporanea lavora principalmente su un *segno di discontinuità* rispetto al tessuto urbano, rispetto alle competenze del soggetto, nel dirigere la sua esperienza di fruizione.

Se la forma testuale dello spazio ha come caratteristica fondante di essere sempre rinegoziata intersoggettivamente da coloro che entrano in contatto con quello spazio, qui si stabilisce un incontro dialettico, in cui la funzione significante dello spazio non è quella di *assecondare* e di rispondere alle attese del soggetto fruitore, ma al contrario di costruire una frattura, un taglio, una linea di discontinuità. All'interno dell'istanza narrativa connaturata allo spazio, svolge una funzione di *antisoggetto*, nel senso che lavora *contro* l'uso che normalmente il soggetto attorializzato farebbe del luogo. (Andrea Bellavita - E|C Serie Speciale · Anno II, n. 2, 2008).

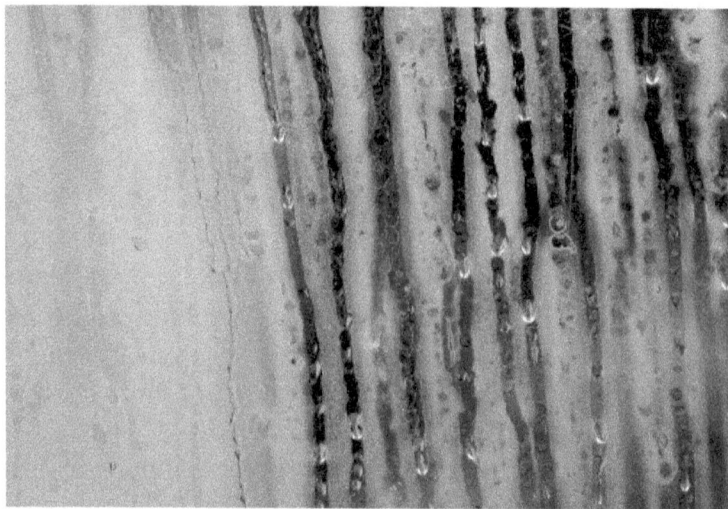

Sound Art /

Negli ultimi decenni, gli artisti hanno progressivamente ampliato i confini dell'arte impegnandosi nella ricerca di un ambiente sempre più pluralistico e interdisciplinare. L'insegnamento, la cura e la comprensione dell'arte e della cultura audio e visiva non sono più basati sull'estetica tradizionale, ma centrati su idee, argomenti e temi significativi che vanno dal quotidiano allo straordinario e strettamente connessi a punti di vista psicoanalitici e politici.

Su questi aspetti o corpi peculiari di scrittura verranno trattati i motivi specifici che hanno determinato una conseguente ricaduta nell'arte contemporanea internazionale.

Questo studio ha lo scopo di fornire delle indicazioni utili per l'accesso a una pluralità di voci e prospettive che definiscono un tema o una tendenza significativi.

Oggi nella circolazione di idee e nella produzione artistica assistiamo agli spostamenti sonici più diversi; questo lavoro cercherà di attrarre l'attenzione sul suono sia nella pratica artistica corrente che intorno alla ricerca da cui derivano i nuovi modelli della Sound Art.

Il suono è ora un aspetto integrale dell'arte e integrato nei new media, dall'installazione alle pratiche su schermo, basate su performances e collaborazioni, ma la sua presenza è troppo spesso ignorata. È ancora necessario però sostenere e aiutare il processo di crescita della consapevolezza affinché questa negligenza nella credenza che il suono sia difficile da rappresentare, possa essere trasformata; non si può guardare o, più correttamente, ascoltare il suono in un libro; il suono di una particolare installazione non può essere fotografato e conservato come un documento.

I critici con un background legato alle arti visive hanno spesso difficoltà a descrivere il suono; il loro lessico non include un'abitudine al dialogo con i concetti audio. Quindi, la principale corrente di scrittura sull'arte dell'ultima decade ha cercato in gran parte di evitare discussioni critiche sul suono. Eppure, negli ultimi anni, quello che una volta sembrava un mormorio sotterraneo tra un piccolo numero di artisti e teorici interessati al suono, è affiorato in superficie, fondendosi nel corpo unitario di un dialogo condiviso e con una centralità imprevista per l'arte del presente.

La convinzione che il suono sia un fattore valido e critico nella comprensione dell'arte contemporanea determina la nascita di una precisa distinzione e di conseguenza una più chiara definizione della Sound Art, separandola concettualmente da tutto ciò che appartiene in modo specifico all'*Arte Visiva*, un termine che fa riferimento evidentemente a un'arte che impegna esclusivamente vista e visibilità.

Questa modalità esplorativa può essere esaminata in modo tale da meglio interpretare l'arte creata per impegnare organi di senso diversi dalla vista?

E questa corretta interpretazione possiamo considerarla come un effetto di un rinnovo, del cambiamento in ciò che è e ha rappresentato l'arte o semplicemente un'apertura su cose già presenti da tempo?

L'arte ha utilizzato esplicitamente metodologie percettive al di fuori dell'immagine fin dagli anni sessanta, come testimoniato in svariate opere minimaliste e concettuali in cui appaiono, evidenti, una chiara consapevolezza nell'uso della sperimentazione oltre alla ricerca di quell'equilibrio sostanziale teso alla realizzazione armoniosa di un rapporto multi-percettivo tra pubblico e opera. Prendiamo, ad esempio, l'installazione di Michael Asher al Museo d'Arte di La Jolla nel 1969. Asher modifica lo spazio espositivo con un tappeto per ottenere la riduzione del rumore che viene riflesso dal soffitto contro cui batte. Questa combinazione di superfici ha avuto l'effetto di mitigare l'acustica dello spazio, riducendo la tipica riverberazione o l'eco della stanza in cui ha introdotto un suono: un semplice tono generato elettronicamente. Questo lavoro si è concentrato sull'esperienza, determinata dall'installazione, a cui partecipa il pubblico che non può fare a meno di notare l'alterazione acustica della stanza e il suono elettronico all'interno dello spazio. La documentazione fotografica dell'evento, ovviamente, illustra una galleria vuota.

Non possiamo comprendere la natura esperienziale del lavoro guardando le immagini. Allo stesso modo, gli enormi rotoli e pile di feltro che rivestono le pareti nella serie Fond di Joseph Beuys del 1979, impegnano i sensi smorzando completamente l'acustica di ogni stanza in cui sono installati.

Un concetto fondamentale su cui poggia questo studio è che il suono è immanente all'arte contemporanea. Lo si trova immerso, fuso nello spazio elettivo, dove tutti i visitatori, tranne quelli che non possono ascoltare ma che frequentano opere d'arte non solo con i loro occhi, partecipa con un pieno coinvolgimento degli organi-recettori che spesso non possono essere aperti o attenti, ma ogni membro del pubblico elabora continuamente informazioni raccolte attraverso il senso dell'udito.

Si è spesso osservato che non possiamo chiudere le nostre orecchie.

Il suono che dialoga con le arti e con la creatività diventa disciplina.

La sua stessa natura lo rende un veicolo perfetto nell'interconnessione con i più diversi linguaggi. Come molti generi di arte contemporanea, l'arte del suono è di natura interdisciplinare, o assume forme ibride.

La Sound Art può convergere in tematiche come l'acustica, la psicoacustica, l'elettronica, la *noise music*, nei supporti audio o nei suoni ambientali, nelle esplorazioni del corpo umano, in scultura, nei film o nei video e in una serie in continua espansione di soggetti/oggetti che sono parte della discussione permanente sull'arte contemporanea.

Nell'arte occidentale i primi esempi includono gli intonarumori di Luigi Russolo e i successivi esperimenti dadaisti, fino ai surrealisti dell'Internazionale situazionista o agli happening di Fluxus.

A causa della diversità della Sound Art e delle sue variabili espressive – estetiche/modali – ancora oggi è acceso il dibattito se l'arte del suono rientra nel campo dell'arte visiva, della musica sperimentale o di entrambi.

Altre linee artistiche da cui la Sound Art emerge sono l'arte concettuale, il minimalismo, il *site-specific*, la poesia sonora e quella d'avanguardia, il teatro sperimentale, la performance, l'installazione.

ARCHETIPI /

Nasciamo e cresciamo in un oceano di suoni. Alcuni di questi hanno una valenza ontogenetica, ovvero sono legati allo specifico della storia di un individuo, come per esempio la voce della propria madre e i suoni dell'ambiente in cui l'individuo è cresciuto. Altri suoni hanno una valenza di tipo culturale, ovvero sono specifici di un dato ambiente in cui l'individuo cresce e si forma culturalmente.

È il caso della sonorità propria di un idioma, dei canti o delle musiche di appartenenza a uno specifico etnico o nazionale, dei suoni-segnali caratteristici di una comunità come il suono delle campane o il canto del muezzin. Altri suoni hanno un carattere universale, condivisi da tutti gli esseri umani.

Questi suoni hanno radici profonde, sono arcaici e hanno una valenza filogenetica, ovvero fanno parte della storia della specie, e in questo caso della specie umana. Tra questi universi sonori troviamo il battito cardiaco, che per la sua pulsazione regolare e periodica viene esplicitamente associato da molte culture al ritmo binario, ai suoni degli elementi naturali come l'acqua nelle sue molteplici manifestazioni, al vento, al tuono.

Per Benenzon ogni individuo ha una sua specifica identità sonora, detta ISO, strutturata in forma complessa e dinamica e che può includere anche questi elementi sonori arcaici, identificati come ISO universali.

Ogni persona è perciò caratterizzata da un proprio ISO che, a sua volta, presenta sia dei tratti comuni con tutti gli individui che dei tratti unici e caratterizzanti la sua individualità.

Per millenni i fenomeni corporei, sonori e musicali hanno quotidianamente stimolato gli individui in modo ripetitivo, provocando percezioni e sensazioni che si sono depositate dinamicamente nel loro inconscio [...].

Questi depositi dinamici costruiti attraverso i secoli hanno formato modelli originali e primari, veri prototipi che si potrebbero paragonare agli archetipi di Jung così come l'ISO universale sarebbe stato plasmato da archetipi sonori. Il battito cardiaco, con la sua struttura in ritmo binario, i suoni di inspirazione ed espirazione, quelli dell'acqua, del vento, il ritmo del camminare, certe sonorità come i sistemi dei messaggi degli animali, in particolare delle balene e dei delfini, sono tutti suoni che fanno parte del mosaico genetico ereditato. La stessa evoluzione della razza e della civiltà è avvenuta attraverso l'introduzione di sonorità come quelle prodotte da tubi, canne di bambù e corde tese o dalla comparsa degli intervalli melodici di alcune scale (Benenzon, 1999, p. 27).

Miti /

È noto come giochi ritmico-fonici, con i quali il bambino si tiene compagnia, assolvano alla funzione di recuperare l'unità originaria per mezzo del riconoscimento di un suono e di un ritmo originali, che, pur parlando in questo mondo, parlano di un altro mondo. È una dimensione, quella perduta a seguito della nascita, che presenta delle assonanze con il mito dell'eden. Certamente il paradiso perduto non può essere un referente perché di fatto, come mondo originario nel quale una volta siamo già stati, è un luogo del quale non sappiamo nulla, perché un mondo totalmente cancellato dalla memoria ma che può essere evocato dalla potenza della musica o dalla potenza dei miti. Non è forse un caso che la stragrande maggioranza dei miti sulla genesi associ l'elemento sonoro all'atto della nascita del mondo. Per dirla con Schneider,

> Nell'istante in cui un dio manifesta la volontà di dare vita a se stesso o a un altro dio, di far apparire il cielo e la terra oppure l'uomo, egli emette un suono [...] La fonte dalla quale emana il mondo è sempre una fonte acustica (Schneider, 1960, p. 13).

Sempre Schneider elenca un vasto inventario di mitologie sulla genesi del mondo, nelle quali l'elemento ritmico-sonoro risulta fondante dell'atto creativo:

> Il dio Siva è un danzatore che suonando il tamburo, il flauto, la conchiglia o la cetra fa in

modo che il mondo continui a esistere. In Africa il Dio creatore dei Kamba è chiamato Mulungu, che significa felicità, bambù cavo, flauto [...] il coccodrillo (egizio e cinese) che, per mettere ordine nel caos, si percuote il ventre con la coda è un tamburo, ed è molto probabile che il Dio degli Uitoto (America), il quale estrae le acque primordiali dal proprio corpo, sia anch'egli un tamburo [...] così come lo sono gli dei che, guidando la creazione, si trovano incarnati in alberi parlanti (Lango, Ottentotti, Pangwe), che corrispondono a grandi tamburi-alberi [...] secondo il Taittirîya Brâhmana, per dare origine ai primi ritmi del mondo [...] Prajâpati era forse un sonaglio?

Fin qui si rappresenta l'inizio della genesi del mondo, ma quando analizziamo il mondo mitologico da cui prenderà vita l'uomo, troviamo ulteriori e suggestivi rimandi alla dimensione prenatale.
Sempre Schneider ci informa che

> La terra [...] è in genere presentata come un'isola dominata da una grande montagna. Sulla vetta (l'ombelico del mondo) di questa montagna si trova un albero parlante [...] il tronco dell'albero, che è cavo (morto) come quello di un tamburo-albero, passa attraverso un lago situato all'interno di una caverna. Tale centro di risonanza si trova nel cuore della montagna. Il lago è formato da una mescolanza di fuoco e di acqua capaci di far risuonare la caverna come una nube durante la tempesta. Esso costituisce la fonte della vita e invia le sue forze miracolose verso una fonte situata ai piedi dell'albero [...]

sul mare interno di quella caverna il dio del tuono si incontra con la dea della terra per chiamare in vita gli uomini.

Oltre alla dimensione acustica, i miti della genesi umana rimandano a quella vegetale e acquatica. Quest'ultima è ricollegabile alla placenta in cui il feto vive durante la gestazione. Relativamente alla dimensione vegetale, Fornari ci ricorda che

> paradeisos in greco significa giardino, come luogo delle piante, cioè della vita dei vegetali. Il feto vive appunto dentro la madre in una condizione vegetativa, essendo letteralmente radicato nella placenta come le radici di una pianta entrano nella terra.

La presenza di elementi ritmici e sonori nei miti della creazione pone questi ultimi in stretto rapporto con la genesi della singola persona umana. In questo senso è plausibile che il mito, come la musica, rievochi quell'esperienza universale che ogni essere umano ha vissuto nella sua vita prenatale, un'esperienza contrappuntata dai ritmi e dai suoni prodotti dal corpo della madre.

L'elemento acustico non solo orienta storicamente una cultura, indicandone l'origine nei miti fondativi, ma può persino diventare mappa geografica per l'orientamento spaziale di un popolo intero.

Il viaggiatore e antropologo Bruce Chatwin, nel suo libro *Le vie dei canti*, descrive l'uso arcaico degli aborigeni australiani di mappare il proprio territorio. Questa mappatura ebbe origine dagli Uomini del Tempo Antico attraverso una modalità orale e, più precisamente, per tramite di canti. Questa narrazione cantata descriveva e nominava tutto l'esistente. Un percorso da intraprendere era perciò segnato da una particolare Via del Canto o Via del Sogno, e per non perdersi durante il viaggio era necessario non interrompere il canto. «Un canto [...] faceva contemporaneamente da mappa e da antenna. A patto di conoscerlo, sapevi sempre trovare la strada» (Chatwin, 1988, p. 25).

Nell'Africa subsahariana troviamo in alcuni oggetti sonori la coincidenza di mito fondativo e radici tribali. È il caso del lamellofono chiamato *deza sanza*, strumento proprio dei Lemba del Transvaal, nella Repubblica Sudafricana. Questo strumento rappresenta gli antenati e permette loro di reincarnarsi attraverso i danzatori-medium.

Un altro esempio è fornito dall'arpa-liuto *gingiru*, strumento sacro per i Dogon del Mali, nella cui foggia è rappresentato il Nommo o Maestro degli uomini, figura creatrice della specie umana.

Stiamo certamente osservando in superficie, come a volo d'uccello, i mondi mitici di culture diverse, eppure non possiamo non notare una forte continuità che ci lega, pur nelle differenze, a queste tracce dell'umanità. In altre parole, è plausibile pensare che dietro questi diversi miti fondativi vi sia un'esperienza comune, una primaria modalità di sentire, che ci lega in quanto appartenenti allo specifico umano.

Musiche, strumenti musicali, miti fondativi caratterizzati dall'elemento acustico, tracce sonore di culture lontane nel tempo e nello spazio, hanno comunque un legame, apparentemente misterioso, con il nostro sentire. Quando Lévi-Strauss affermava che «la musica vive se stessa in me, io mi ascolto attraverso di essa» (Lévi-Strauss, 1967, p. 35), metteva in evidenza la continuità che sussiste fra natura e cultura. Per dirla con Fubini

> È la struttura stessa del discorso musicale, il suo modo di articolarsi, il suo agganciamento originario alla nostra natura fisiologica [...] che fa sì che l'ascoltatore attraverso di essa scopra se stesso.

Parafrasando Fubini possiamo dire che la struttura sonora stessa dei miti fondativi, il loro modo di articolarsi e la loro connessione originaria alla nostra natura fisiologica, fanno sì che attraverso di essi possiamo scoprire noi stessi.

LA SVOLTA SONICA /

Negli anni dopo l'inizio di questo secolo c'è stato un crescente interesse teorico del suono da un punto di vista culturale – ciò che Jim Drobnick ha definito la «svolta sonica». Come hanno notato Michael Bull e Les Back,

> l'esperienza della vita quotidiana è sempre più mediata da una moltitudine di suoni riprodotti in maniera meccanica parallelamente, le città sono più rumorose di quanto in passato.

Data questa maggiore consapevolezza, in che modo dobbiamo e possiamo ascoltare il mondo sonoro intorno a noi? Quali sono i metodi e gli strumenti per utilizzare in maniera sensibile, percettiva e comunicativa, considerando i nostri corpi e la nostra quotidianità in funzione di strumenti che azionano degli INPUT e degli OUTPUT, grazie ai tanti contributi esperienziali e artistici, di analisi e di studi settoriali?

Molti di questi argomenti sono affrontati da artisti, critici, studiosi e ricercatori che ci spingono a ripensare il modo con cui conosciamo il mondo attraverso l'ascolto. Un approccio costruttivo alla produzione sonora deriva dalla natura fisica del suono, meglio descritto come fenomeno.

La natura intrinseca o il fenomeno del suono è incorniciata da varie pratiche, tra cui Alvin Lucier: *I'm Sitting in a Room* (1969), Laurie Anderson: *Handphone Table* (1978), Ryoji Ikeda: *+/-* (1996) e Pinuccio Sciola: *Oltre la pietra* (2010).

Un altro approccio è quello di richiamare con cura l'attenzione sull'ascolto. Questa pratica si è espressa più frequentemente in quelle performances conosciute di solito come *passeggiate sonore*. Basata sulla concentrazione all'ascolto sviluppata da John Cage e inizialmente dal pioniere Max Neuhaus, questa progettualità prevede la spinta del pubblico verso un ambiente geografico o all'interno di spazi sonori artificiali, alla ricerca di uno sviluppo della capacità di attenzione sui suoni più diffusi che esso incontra. Questa modalità è un'area di interesse molto produttiva e diffusa e numerosi artisti hanno impiegato detta strategia in varie forme, tra cui Janet Cardiff, Akio Suzuki e Yasunao Tone.

Un'altra modalità attraverso cui il suono ha guadagnato interesse, nella nostra recente conoscenza della pratica della Sound Art, è attraverso le numerose esposizioni su larga scala incentrate sull'esperienza aurale, come *Volume: Bed of Sound* (The Museum of Modern Art, New York, 2000), *Sonic Boom* (Hayward Gallery, Londra, 2000), *Bitstreams* (Museo di Arte Americana di New York, 2001), *Arte > Musica* (Museo di Arte Contemporanea, Sydney, 2001), (Centre Georges Pompidou, Parigi, 2002), *Sounding Spaces* (ICC, Tokyo, 2003), *Her Noise* (Londra, Londra 2005) e *See This Sound* (Lentos Art Museum, Linz).

Inoltre, un certo numero di recenti pubblicazioni hanno posto l'attenzione sulla questione della Sound Art da una prospettiva concettuale.

In questi testi essa viene intesa come un movimento o un genere distinto da altre forme. Il termine stesso è confuso, perché utilizzato per descrivere opere basate su rappresentazioni e pratiche sperimentali di musica. Tuttavia, piuttosto che un movimento o un genere, la

Sound Art descrive semplicemente un mezzo, alquanto simile a "pittura a olio". Termini come "pittura a olio" non forniscono alcuna informazione sul contenuto dell'opera, in quanto descrivono semplicemente lo strumento con cui è stata creata. Questo malinteso è fortemente problematico ed è il motivo per cui molti artisti, storici dell'arte e critici pensano che non esista un'arte sonora come genere o movimento.

Max Neuhaus, artista che ha realizzato numerose installazioni sonore permanenti, oltre a essere un importante esponente della Sound Art, sostiene che

> nell'arte, il medium non è sempre il messaggio...
> molto di quello che è stato chiamato Sound Art
> non ha molto a che fare con il suono o con l'arte.

William Furlong, artista e fondatore di Audio Arts, sound magazine britannica pubblicata su cassette audio e che ha svolto una costante attività di documentazione sulle produzioni artistiche contemporanee attraverso interviste di artisti o curatori, performance sonore o suoni di artisti, avvia la sua conversazione sul suono nell'arte più recente, dichiarando che «il suono non è mai divenuto un settore discreto della pratica d'arte».

Questa antologia di registrazioni sottolinea l'importanza dell'evento sonoro nell'arte contemporanea. Quest'affermazione è in contrasto con le pratiche che tendono a concentrarsi unicamente sulla Sound Art che, anche se comprende tutte le discussioni pertinenti a questo termine, ripropone correttamente l'accento su di un aspetto ontologico piuttosto che oggettivo e relativo alla sua natura estetica e superficiale: l'attenzione è sull'ascolto delle arti visive.

LA PRATICA NELL'ARTE /

Quando impariamo ad ascoltare, scopriamo che l'arte contemporanea è un'area dove la pratica del suono e con il suono è piuttosto confusa.

È qui utile citare alcuni testi che situano e teorizzano il suono in relazione alla pratica artistica. Un ruolo importante è determinato dai manifesti di due delle figure più citate nel campo della pratica musicale espansa: Luigi Russolo e John Cage. A causa dello stretto legame del suono con la musica, non è possibile discutere dei suoni nell'arte senza porre un orecchio di riguardo verso la musica, e Russolo e Cage esercitarono una grande influenza sia su di essa che sull'arte.

Nel 1913, Russolo – membro dei Futuristi italiani – fu il forte sostenitore di un'arte dei rumori intesa come una celebrazione della città moderna. Attivista e promotore di questa nuova età dell'arte sonica, cercò, realizzando opere originali, di attirare l'attenzione sul semplice fatto che nella sua epoca fosse nato l'*industrial noise*. Spinse perciò concitatamente tutti gli artisti all'apertura della musica verso ogni suono attraverso l'inclusione dei rumori non musicali della città.

L'uso del *noise* è comune nelle pratiche artistiche contemporanee che impiegano il suono e, partendo dalla stessa motivazione, hanno promosso una ricerca sul fenomeno indirizzata alla realizzazione di composti e concetti a *layer* concentrandosi su modalità integrate per ottenere un ascolto del rumore sonicamente interessante che ha determinato un'influenza significativa sulla pratica artistica dopo Russolo. L'altra personalità di spicco è rappresentata dal compositore Cage, le cui pratiche e concetti comprendono operazioni improntate su casualità, indeterminatezza, impossibilità\possibilità del silenzio, incapsulamento di tutti i suoni musicali e l'idea di ascoltare il suono in sé. La sua presenza pervade numerosi testi e non è esagerato dire che, per la sua importanza e per l'influenza che ha avuto nel contesto della ricerca sul suono, meriterebbe una trattazione speciale; sta di fatto che negli ultimi anni la sua sperimentazione è stata esplorata in modo approfondito, soprattutto nel mondo dell'arte. L'eredità di Cage è dovuta in parte all'ampio numero di professionisti con i quali ha avuto strette collaborazioni, tra cui il coreografo Merce Cunningham. Sperimentatore anch'egli, ha posto le basi della *post-modern dance*, ha indagato «il movimento nello spazio e nel tempo» e ha proposto un nuovo modo di intendere il rapporto tra la danza, la musica e l'arte figurativa (intesa come scenografia). È di grande interesse ricordare che nel 1986 diventa l'ideatore e lo sperimentatore di *Life Forms*, il primo software di creazione e notazione dei movimenti di danza. Ma Cage collabora anche con compositori come Morton Feldman e David Tudor, artisti come Robert Rauschenberg, Jasper Johns e gli artisti "intermediali" che hanno contribuito alla creazione delle azioni e degli happening di Fluxus.

Altra figura significativa è il compositore e musicologo francese Pierre Schaeffer (1910-95), che si concentra sulle musiche prodotte, registrate ed editate in modo da rimuovere i suoni dai loro riferenti (gli oggetti che hanno creato il suono). L'artista lavora anche su composizioni che prevedono l'uso di suoni quotidiani, come quelli realizzati da treni, effettuando una traslazione fra tecniche di acquisizione e *field recording*.

La sua musica, conosciuta come *musique concrète*, ha avuto una grande influenza su molte forme sonore contemporanee (inclusi i generi basati sul campionamento come l'Hip-Hop).

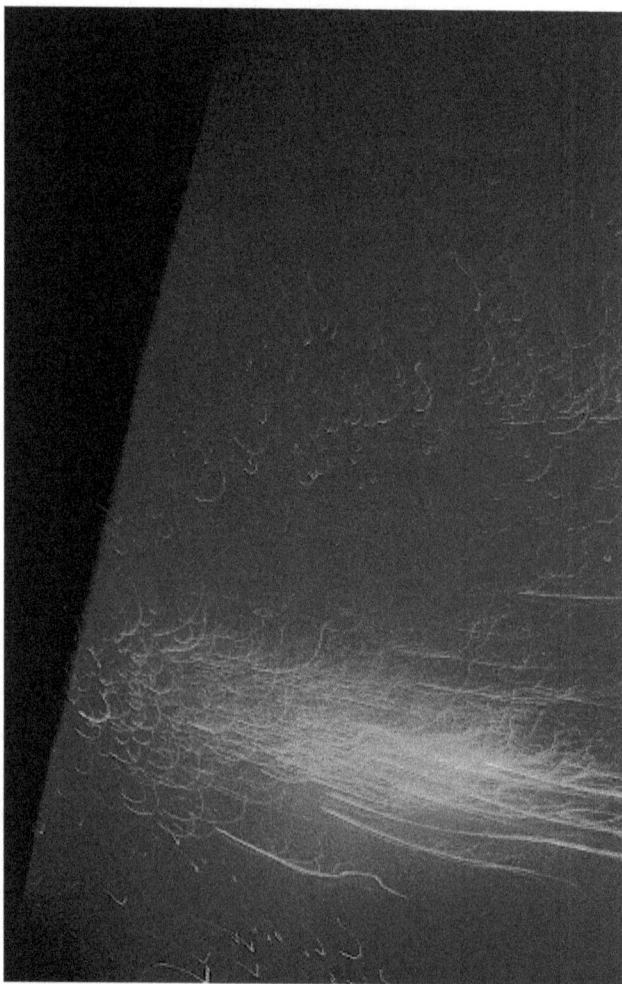

Rumore e Silenzio /

Il rumore è stato oggetto di un certo numero di testi teorici che trovano, nelle svariate riflessioni e dissertazioni, un'ulteriore conferma della sua complessità. Le vibrazioni irregolari dell'aria costituiscono rumore, mentre le vibrazioni regolari producono toni. La natura complessa e irregolare del rumore sovraccarica la capacità dell'ascoltatore di comprendere il suono, presentando un insieme caotico e instabile di rapporti di frequenza che fagocitano l'ordine e la semplicità dell'altezza del suono.

Michel Serres, forse più di qualsiasi altro teorico, afferma che il rumore costituisce il contesto di tutta la comunicazione. L'aria che respiriamo e il mare dal quale emerge la complessità della vita:

> respiriamo il rumore di fondo, la tensione e la debolissima agitazione in fondo al mondo, attraverso tutti i nostri pori e papille; raccogliamo in noi il rumore dell'organizzazione, una fiamma calda e una danza di interi...

Nel rumore c'è una pienezza di forma, da cui possono sorgere tutte le forme possibili, questo per Serres è fonte di celebrazione invece che desiderio di cancellazione.

La potenza sonora, distinta dal rumore, richiama l'attenzione sui nostri corpi, avvertendoci dei fenomeni del suono che entrano nel corpo, scivolando nelle nostre bocche, nelle nostre narici e nelle nostre orecchie. Entra dentro di noi e, quando il suono è molto forte, vengono massaggiati e rimescolati i nostri organi interni.

Steven Shaviro spiega l'effetto che viene prodotto in occasione di una performance del gruppo My Bloody Valentine:

> Questo non è solo un caso in cui si è sopraffatti dal sublime. Non puoi sostenerlo e non puoi vedere oltre; ma proprio per questo ci si abitua dopo un po', e non vuoi che finisca.
> Lo spettacolo determinato dalla potenza del volume non è mai così grande come quando si suona in uno stadio pieno con migliaia di fan.

Decine di persone frequentano concerti dal vivo eseguiti al di sopra del volume che provoca danni all'udito, cosa che ci invita a tenere presente che l'uso di un incredibile volume non è una pratica marginale, ma è al centro della cultura mainstream.

Kim Cascone cerca il detrito della produzione di registrazione, trovando nelle rimanenze (*offcuts*) una ricchezza di materiali pronti per lo sfruttamento.

Partecipa al rumore di fondo, sotto la soglia della registrazione, concentrandosi sul silenzio quasi assente.

Questi sono solo alcuni dei territori finora ignorati che sono stati esposti e utilizzati da artisti che lavorano con il suono o sperimentano nuovi strumenti musicali.

Mentre la maggior parte degli scrittori in questo campo espone le virtù del suono, altri non sono preparati ad accogliere la Sound Art.

Paul Virilio, per esempio, sostiene che il silenzio è stato messo in discussione e che il rumore nell'arte è «nel processo di inquinamento durevole delle nostre rappresentazioni». Qui il desiderio di una contemplazione tranquilla e pacifica convive parallelamente alla convinzione che l'arte debba essere separata dalla vita quotidiana: il rumore della quotidianità riduce in qualche modo l'esperienza dell'arte, inquinandola.

Dopo queste considerazioni sul rumore, rivolgiamo la nostra attenzione alla spazialità del suono. Esso è un fattore determinante della percezione aurale nelle differenti condizioni spaziali della pratica attuale. *The Listener and Acoustic Space* si apre con la definizione di *Soundscape* di R. Murray Schafer come «qualsiasi campo acustico di studio».

Questi campi comprendono composizioni musicali, programmi radiofonici e ambienti acustici.

Egli sostiene che il paesaggio sonoro è continuamente pieno di «una diffusione indiscriminata e imperialistica di suoni sempre più grandi in ogni angolo della vita dell'uomo».

L'ecologia del suono di Schafer ha influenzato numerose realizzazioni (Francisco López, Aki Onda, Chris Watson, Hildegard Westerkamp), spingendo la ricerca verso suoni ambientali, sia naturali che urbani, in un *soundscape* radicalmente mutevole.

Utilizzando le intuizioni di Schafer come punto di partenza, Emily Ann Thompson – studiosa di fisica, storica e ricercatrice nell'ambito delle informazioni aurali – discute l'acustica modernista e la padronanza dell'ascolto del suono.

Il carattere del suono e delle sue proprietà acustiche viene affrontato anche dal compositore Alvin Lucier, che vanta una grande influenza sugli artisti che lavorano con i fenomeni sonori. Lucier concentra il suo lavoro sull'attenzione al flusso del suono nello spazio, piuttosto che a fattori quali il tono, l'armonia e la melodia tradizionalmente privilegiati nella musica d'arte occidentale. Una preoccupazione che si affaccia con regolarità nella rappresentazione di opere ai curatori del suono nell'arte contemporanea è lo stesso spazio da utilizzare: quello della galleria. Brian O'Doherty, nel suo saggio influente *Inside the White Cube*, ha scritto che la storia del modernismo è stata stigmatizzata dallo spazio espositivo.

L'immagine che viene alla mente è quella di uno spazio bianco e ideale che, più di ogni singolo quadro, rappresenta l'immagine archetipica dell'arte del ventesimo secolo.

Il cubo bianco crea un'atmosfera asettica e con più facilità viene eliminata e ripulita qualsiasi cosa possa distrarre dalla contemplazione dell'arte visiva ma questo spazio non è affatto favorevole alla contemplazione del suono nell'arte. Le superfici dure e piatte provocano riverberazione ovunque, riducendo e svilendo l'esperienza del lavoro stesso.

Steven Connor ci mette sull'avviso riguardo la spiccata propensione delle gallerie d'arte verso la percezione visiva e sulla logica di un punto di vista unidirezionale.

Il suono non aderisce a un punto di vista: si muove intorno alle pareti e rimbalza attraverso le aperture e tra gli spazi, invadendo le stanze adiacenti. Non segue una visuale sicura e contenuta, causando problemi nello spazio, dove si prevede una tranquilla contemplazione dell'arte.

Non possiamo fare a meno di essere consapevoli della forza che sprigiona la musica nell'installazione *Feature Film* di Douglas Gordon (1998) cercando di ascoltare il dialogo all'interno del concetto di *The Third*

Memory di Pierre Huyghe (1999). Se il cubo bianco è l'archetipo dell'arte del XX secolo, allora quale sarebbe l'archetipo dello spazio espositivo del ventunesimo secolo? Dovrebbe essere in grado di gestire nuovi media – grandi proiezioni, ambienti d'illuminazione e, naturalmente il suono – allo stesso tempo dovrebbero continuare ad assolvere il ruolo di luoghi di fruizione per la visualizzazione di manufatti più tradizionali. A livello internazionale il cubo nero sta diventando sempre più comune: uno spazio che è oscurato per la proiezione e acusticamente attenuato per il suono. Forse vedremo l'espansione di ambienti e gallerie appositamente costruiti e dedicati alle esigenze e alle specificità dell'arte contemporanea, invece di Gallerie Bianche a "taglia unica"?

Naturalmente non esiste una risposta lineare in grado di concentrare tutte le questioni connesse all'esposizione del suono in una galleria.

Helmut Draxler afferma che le convenzioni stabilite in altre pratiche artistiche contemporanee non possono essere semplicemente trasferite allo spazio-galleria: non ricreiamo un ambiente cinematografico per visualizzare l'arte video e quindi non dovremmo ricreare una sala concerti nella galleria per visualizzare opere sonore.

Questa argomentazione risulta forse un po' esagerata in quanto collega il video troppo strettamente al cinema e il suono, in ugual misura, alla musica.

Detto ciò, la galleria può migliorare dall'osservazione di altre pratiche artistiche, specialmente nel cinema, in quanto lo spazio cinematografico attuale è stato creato per ospitare spesso un suono forte e drammatico. Il cinema è fono-assorbito, con moquette e morbide sedie e realizzato strutturalmente in modo da contenere il suono all'interno dei confini della sala. Contrariamente a questa pratica, le aree espositive contemporanee si affacciano sul loro spazio aperto, bianco e ben illuminato, non predisposto per tali cambiamenti drammatici, unicamente concentrate sull'organizzazione di uno spazio perfetto per la mostra.

Il suono non appartiene a nessuna disciplina artistica in particolare ma si rivela in musica, teatro, letteratura, danza, film, architettura, arte. Tuttavia, storicamente, la musica ha costituito la più forte espressione delle proprietà del suono perfettamente in sintonia con la concezione di John Cage che tutto il suono può essere, o è, musica. Ogni discussione, quindi, sul suono nell'arte contemporanea, non può escludere la musica e molti degli argomenti esplorati in questo testo riguardano direttamente le pratiche musicali. L'analisi dei rapporti degli artisti con la musica, rende chiaro l'ovvio: molti di essi hanno una stretta connessione con la musica; l'ascoltano nei loro studi, la compongono, sono impegnati sul fronte delle diversità della cultura popolare, si connettono con l'ethos rock e sono fan. La musica e l'arte contemporanea sono collegati direttamente e inestricabilmente in questo modo. Alcuni artisti sono direttamente legati alla musica attraverso la loro partecipazione a "bande di scuola artistica" (ad esempio, Kim Gordon, Dan Graham, Mike Kelley, Tony Oursler, Martin Creed), mentre per Vito Acconci è una pratica da spettatore passivo. Christian Marclay, al contrario, è un caso speciale. Le sue opere in musica e nell'arte sono inestricabilmente legate: l'una alimenta l'altra. Alcune registrazioni delle sue conversazioni, una con l'artista e regista Michael Snow e l'altra con Kim Gordon, musicista e cantante del gruppo *alternative/ noise* Sonic Youth, rendono palese la sua connessione a entrambi i mondi.

ARTE E SUONI /

La diversità di pratiche artistiche specifiche emerse nel corso del secolo scorso in risposta agli sviluppi determinati dalla sperimentazione e dai nuovi territori esplorati ci aiutano a comprendere che il suono nell'arte non può mai essere ridotto a un movimento o a un genere. Un obiettivo di questo scritto è quello di rafforzare la consapevolezza della comunità dell'arte sul suono dell'arte e nell'arte, con la speranza che entrambe le istituzioni artistiche e il pubblico – così come noi desideriamo impegnarci sempre più verso una nuova estetica della pratica e dell'ascolto – possano interamente condividere e partecipare allo sviluppo sonico che sta trasformando il nostro modo di *ascoltare* il mondo.

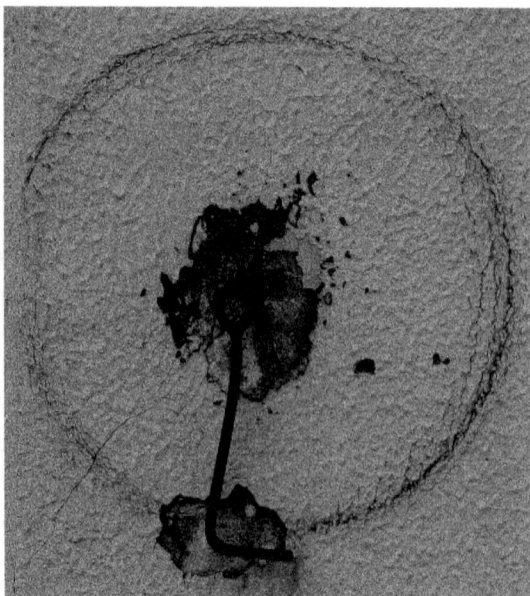

\ LE PRATICHE AURALI

CONSIDERAZIONI /

Per inquadrare il concetto di sonorità nell'arte e specificamente in quella contemporanea, è necessario descrivere quello che da molti è considerato come il suo antagonista: il silenzio. Nel nostro immaginario collettivo, il silenzio non è altro che l'assenza di suono, uno sfondo omogeneo sul quale possono essere costruiti, in seconda istanza, altri e innumerevoli eventi sonori capaci di lacerare più o meno profondamente il silenzio percepito e idealizzato come una superficie omogenea assolutamente passiva e inerme.

Il silenzio, nella nostra immaginazione, è quindi una tela immacolata, una superficie vergine e incontaminata capace di accogliere al suo interno qualsiasi sforzo creativo dell'artista mentre, viceversa, il suono è il tratto di matita, la pennellata, il colore, addirittura il taglio violento e profondo nella tela operato da Lucio Fontana nei suoi dipinti sperimentali ove egli indagava il rapporto tra opera e spazio, tra superficie e profondità.

Alla luce di tale patrimonio immaginativo, silenzio e suono appaiono quali entità antitetiche ma, tuttavia, l'una (il suono) necessita dell'altra (il silenzio) per potersi palesare.

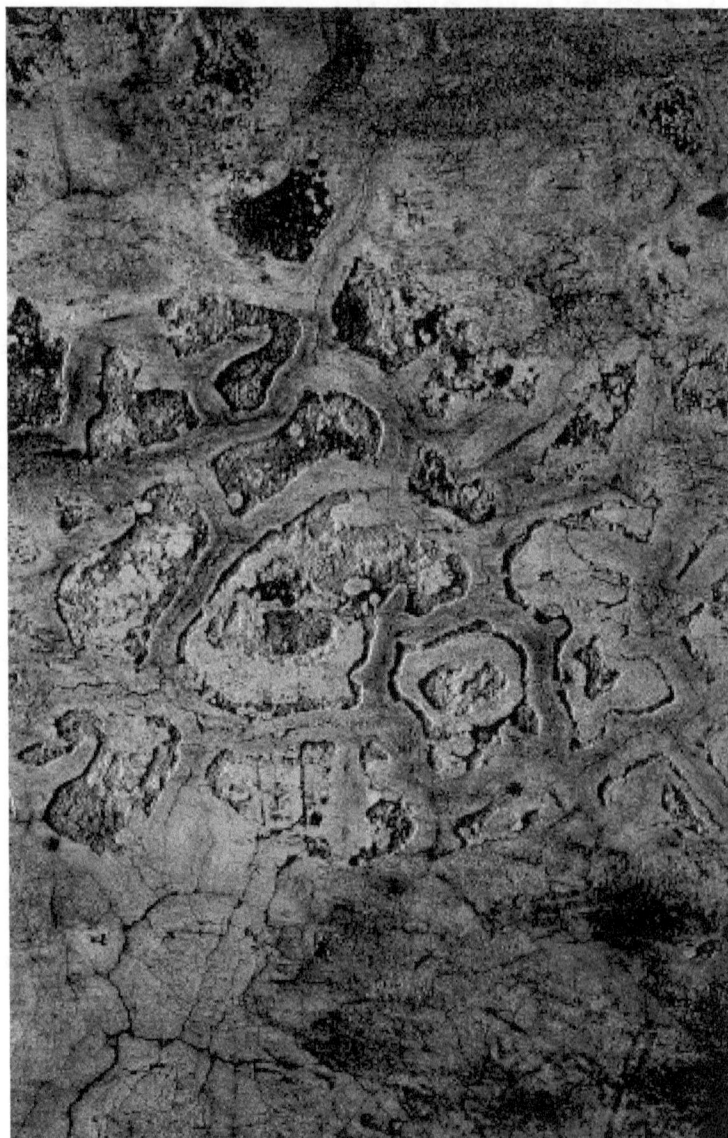

IL SUONO È REALE? /

Come dichiara Jean-Luc Nancy nel suo *All'ascolto*, il suono è fatto di rinvii: si propaga nello spazio in cui risuona nello stesso momento in cui risuona nell'ascoltatore. L'ascolto ha luogo in maniera imprevedibile e si manifesta per un periodo limitato di tempo non controllabile dal soggetto stesso. Questo rende il suono una parte fondamentale del nostro percepire e comprendere sia l'ambiente sociale che quello naturale: quando essi risuonano dentro l'ascoltatore vengono rappresentati dal soggetto che li ascolta.

L'ascolto, la cui pratica per alcuni artisti si basa sui *field recordings*, sembra essere sinonimo di registrazione, ovvero captare attraverso un microfono l'ambiente acustico circostante. Ciò accade perché la realtà, nella percezione aurale (nell'atto dell'ascolto) non ha bisogno di essere interpretata ma si percepisce come la realtà del soggetto stesso.

Per Francisco López (*In the Field, The Art of Field Recording*, Cathy Lane e Angus Carlyle, 2013) l'atto di registrare significa interagire con la realtà più che rappresentarla. Nei suoi *field recordings* entra tutto ciò che fa parte dello spazio nel quale si trova, non filtra i suoni secondo un interesse soggettivo ma lascia entrare tutto nella registrazione. Nell'atto del riascoltare le registrazioni, però, accade ancora uno spostamento dalla realtà che conosciamo: secondo López la registrazione non è la stessa che si sentiva mentre veniva effettuata ma è una realtà più ricca, diversa, una realtà virtuale. Questa realtà virtuale si sposta dall'idea di Nancy del

55

suono che risuona dentro al soggetto; essa sembra distinguersi proprio perché è una realtà esterna al soggetto, che si svela solo nel momento del riascolto di ciò che è stato catturato su traccia. López parla di spazio interno al *field recording* che è uno spazio non rappresentazionale, ma fenomenologico. L'atto di ascoltare, nel suo caso, sembra non basarsi solo sull'ascolto ma, soprattutto, sull'iterazione con la realtà che l'ascolto provoca e con il flusso della realtà stessa, che viene poi riscoperta nel ri-ascolto. I *field recordings* di López non vengono ascoltati immediatamente (spesso l'artista lascia trascorrere anni prima di sentire ciò che ha registrato) sembra quasi che il mondo registrato venga stivato, archiviato, quasi nell'attesa che venga a crearsi un mondo a sé, una realtà virtuale a cui si avrà accesso dove e quando vi si vorrà accedere. Nel CD *La Selva. Sound environments from a Neotropical rain forest* prodotto da V2, López presenta suoni ambientali puri della foresta tropicale, senza manipolazioni aggiuntive. Ci si aspetterebbe di udire un ambiente sonoro quieto e lineare; ascoltando invece le tracce, si scoprono realtà sonore rumorose e stratificate.

Mentre López preferisce ambienti ricchi di suoni, come la foresta pluviale, per scoprire più sonorità possibili, ci sono delle realtà dell'ascolto che possono essere molto effimere, quasi impercettibili, soprattutto quando si parla di suono e società. Per Brandon LaBelle il suono non è fisso, è effimero, si muove attraverso i muri, attraverso i corpi, non ha prospettiva. Nello spazio architettonico modifica la struttura architettonica, può eludere i sistemi secondo i quali le forme hanno un nome e ci dà l'opportunità di muoverci fuori e dentro il linguaggio. I fenomeni acustici dell'urbano e dell'architettura determinano diverse modalità del fare esperienze d'ascolto. Le installazioni sonore, che vivono del rapporto tra suono e architettura, si basano infatti su una realtà, quella dell'istante dove il suono è vibrazione sia naturale che controllata e ingloba il corpo dell'ascoltatore ed esiste solo nel momento in cui viene percepita. Un attimo dopo, è memoria. LaBelle nomina spesso gli echi come memoria sonora, come rinvio a una coscienza e a una conoscenza collettiva, sociale e politica. La realtà del sonoro non è, come per López, il suono registrato nel quale si svelano realtà virtuali, ma è un suono che vive anche come concetto, come idea di un suono, di una voce, di una memoria sonora che porta con sé una natura dialogica.

L'artista Bill Fontana, attivo da 45 anni nell'ambito della Sound Art, parla del suono come uno stato mentale ovvero *a state of mind*: tutto ciò di acustico che ci circonda è potenzialmente interessante. Fontana, in un certo senso, lega il suono alla conoscenza, all'esperienza del reale che aumenta attraverso la pratica dell'ascolto. L'artista, quando parla di ascolto, pensa alla complessità acustica che ci circonda in ogni istante e in ogni luogo: «il mondo è pieno di suoni complessi in ogni momento».

Nel suo lavoro con il suono ha voluto esprimere questa larga gamma di possibilità attraverso una griglia spaziale di punti di ascolto simultanei dove i dati sonori vengono trasmessi in tempo reale per ottenere zone di ascolto collettive. Lo spostamento di una sorgente sonora in un altro spazio, slegato temporalmente dal sito di appartenenza, crea un legame tra spazi differenti, che collidono in un unico tempo e luogo d'ascolto. La realtà del sonoro, nel suo caso, non viene stravolta ma connessa ad altre realtà spazio-temporali. Nelle sue registrazioni tende a cercare la verosimiglianza e vi è la volontà di rendere udibile ciò che non sempre è udibile: utilizza gli idrofoni per effettuare registrazioni subacquee; gli accelerometri – microfoni usati per la misurazione delle onde sismiche – per registrare su superfici architettoniche appartenenti all'ambiente sia privato che pubblico.

Durante uno dei suoi lavori a Londra, sulla torre del Big Ben, installò dei microfoni mentre la campana suonava e li posizionò anche sui tetti di molti edifici adiacenti la torre. In questo modo si venne a creare una mappatura del suono in tempo reale attraverso l'architettura che risuonava di vibrazioni prodotte dalla campana. Attraverso una registrazione di tutti questi punti di ascolto, dati dalla ricezione delle onde sonore da parte dei microfoni vi fu, secondo Fontana, una descrizione del suono in una realtà cubica, tridimensionale che rimane reale come la realtà stessa e non si virtualizza attraverso la tecnologia.

Come ultimo esempio di relazione tra suono e realtà è interessante analizzare la pratica del gruppo Ultrared, attivisti e sviluppatori rivolti alla realizzazione di progetti sonori collettivi tra Europa e Nord America. Spesso la loro pratica nei *field recordings* interpreta lo spazio acustico come enunciativo delle relazioni sociali, come elemento da cui si ricava la stessa forza e lo stesso potere che appartiene al linguaggio parlato. Nel 2013 il gruppo ha sviluppato a Berlino, nel quartiere Kreuzberg, in cooperazione con l'inquilinato Kotti & Co, un progetto il cui obiettivo era praticare le registrazioni sul campo come input dialogico tra gli abitanti del quartiere, per dare vita a discussioni e dibattiti sulle

condizioni e sulle problematiche sociali, sulla multi-
culturalità e sull'immigrazione. Il suono qui diventa la
società stessa, non vi è un filtro artistico che enunci il
suono come medium ma, senz'altro, come linguaggio,
nonché specchio della realtà sociale in cui viene catturato e condiviso.

I Precursori /

Il medium sonoro nella pittura, nonché l'astrattismo lirico di Kandinsky

Fu Wassily Kandinsky uno dei primi a dare all'opera d'arte un carattere musicale, attuando una vera e propria rielaborazione del tutto originale della forma pittorica e dei rispettivi linguaggi espressivi attraverso l'uso del colore e della linea (Impressioni, Improvvisazioni, Composizioni).

> Per noi pittori il più ricco ammaestramento è quello che si trae dalla musica.
> Con poche eccezioni e deviazioni la musica, già da alcuni secoli, ha usato i propri mezzi non per ritrarre le manifestazioni della natura, ma per esprimere la vita psichica dell'artista attraverso la vita dei suoni musicali. Innatamente bene va ai musicisti, con la loro arte tanto progredita.
> Davvero Arte, che già possiede la felice capacità di rinunciare appieno a scopi meramente pratici.

Per l'artista russo, quindi, il suono e la musica non imitano la natura bensì sono di fatto pure espressioni di esigenze interiori.

Soltanto un'arte astratta, liberata dalla dipendenza con l'oggetto fisico, può dare vita alla spiritualità.

Il percorso sonoro diventa il solo capace di portare l'artista a svincolare il mondo dell'arte dai preconcetti e a rimuovere quel velo di Maya che ottenebra l'arte del XX secolo. La linea, il gesto, il colore; sono tutti elementi prelevati dalla musica, generativi del pensiero che diventa elemento di espressione introspettiva.

Elementi utilizzati da altri artisti quali Jackson Pollock 40 anni più tardi.

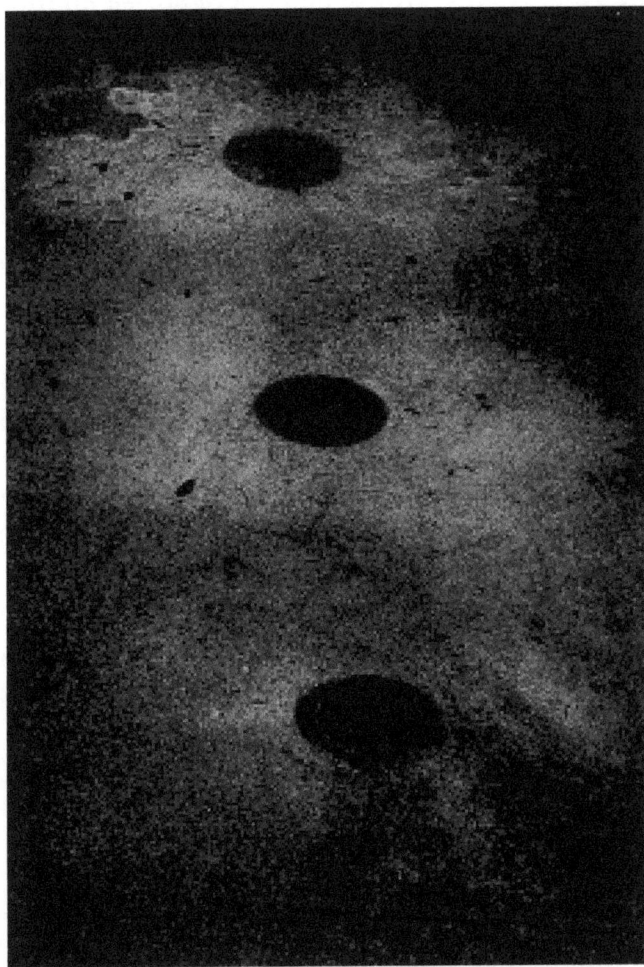

ANCHE POLLOCK ASCOLTAVA CAGE /

Padre dell'Action Painting, corrente pittorica nata negli Stati Uniti negli anni '50, vuole mostrare al pubblico l'atto stesso di produzione dell'opera, focalizzato in particolar modo sul gesto pittorico, facendolo diventare parte integrante dell'opera stessa all'interno di uno spazio sinestetico.

Pollock concretizza questo suo volere attraverso la tecnica del *dripping*, impiegata la prima volta da Max Ernst e ripresa dopo la Seconda guerra mondiale dagli artisti dell'Action Painting.

Essa consiste nel far cadere, o gocciolare, i colori o le vernici dal tubo o dal barattolo direttamente sulla tela distesa a terra, lasciando un certo margine al caso nel conseguimento dell'effetto desiderato.

Egli traeva ispirazione dal jazz, dalla musica di Igor Strawinskji e di John Cage, che era solito ascoltare mentre lavorava alle sue opere, con l'intento di riportare sulla tela le sensazioni generate dai suoni che udiva.

In questo modo, l'esperienza dell'ascolto viene tradotta in opera d'arte nel momento stesso in cui l'artista vi partecipa.

L'azione sulla tela divenne così la rappresentazione stessa, creatrice di una sorta di polifonia pittorica, così come faceva Kandinsky.

Il New-Dada /
Cage e la dicotomia suono|silenzio

È con Morton Feldman e John Cage che il suono compenetra definitivamente nel mondo dell'arte del XX secolo. Le opere di Robert Rauschenberg e di Jackson Pollock hanno insegnato ai due artisti a osservare la realtà con occhi diversi attraverso una spiritualità più limpida. L'intenzione di Cage era di paragonare l'elemento sonoro alla materia pittorica degli astrattisti, poiché così i suoni avrebbero generato le loro forme indipendentemente dal pensiero soggettivo.

Per palesare l'apparizione del suono in tutta la sua ricchezza, Cage ricorre alla procedura del silenzio, vista come la rinuncia a qualsiasi intenzione, la rinuncia alla centralità dell'uomo. Questo concetto viene esposto nella composizione *4'33"* del 1952. La durata particolare della composizione è probabilmente un riferimento allo zero assoluto: infatti, quattro minuti e trentatré secondi corrispondono a 273 secondi, e lo zero assoluto è posizionato a -273.15 °C, temperatura irraggiungibile, come il silenzio assoluto.

Cage ci dimostra, così, l'inesistenza del silenzio e la totale presenza, anche impercettibile, del suono.

Il suono del proprio corpo, i suoni dell'ambiente circostante, i rumori interni ed esterni alla sala da concerto, il mormorio del pubblico se ci si trova in un teatro, il fruscio degli alberi se si è in aperta campagna, il rumore delle auto in mezzo al traffico.

Cage vuole condurre all'ascolto dell'ambiente in cui si vive, all'ascolto del mondo, a un'apertura totale nei confronti del sonoro, a un *andare oltre*. Egli ha rivoluzionato il concetto di ascolto musicale, ha cambiato l'atteggiamento nei confronti del sonoro, ha messo in discussione i fondamenti della percezione.

Uno dei modelli di *4'33"* è Robert Rauschenberg, pittore amico e amante di Cage che nel 1951 produsse una serie di quadri bianchi (*White Painting-Three Panels*).

Opere che cambiano a seconda delle condizioni di luce dell'ambiente di esposizione e che lavorano sul significante, facendo sparire quella che prima era l'autorialità dell'artista.

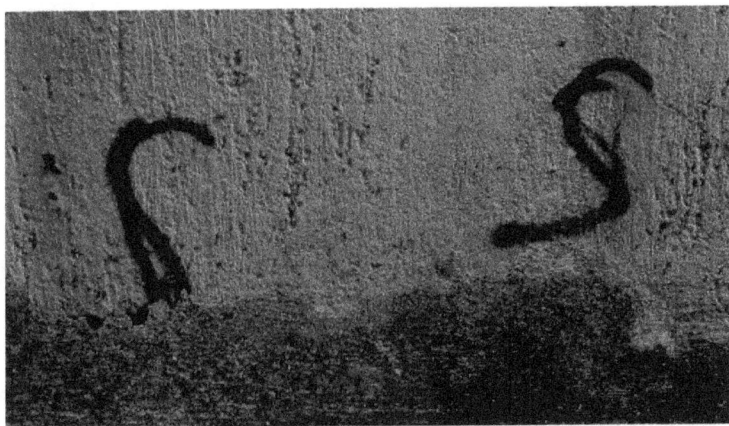

FLUXUS E DIGITAL SOUND /
LE INFLUENZE DI CAGE IN YASUNAO TONE

L'artista giapponese Yasunao Tone (1935), fondatore del Gruppo Ongaku nel 1960 e membro del movimento Fluxus dal 1962, iniziò il suo percorso analizzando la cosiddetta *musica indeterminata* di John Cage ed esplorando a fondo il campo del nascente *digital sound* come opera d'arte (*One Man Show by a Composer*, 1962; *Theater Piece for Computer*, 1966).

Profeta del lavoro modernista legato al suono, la sua ricerca si basa sulla manipolazione estrema del digitale. Questa musica *contaminata* nasce da un'estetica che fa propri i disturbi, il crash, l'errore, gli imprevisti, il rumore.

È infatti proprio la «poetica dell'errore e del rumore», descritta dal musicista Kim Cascone, che viene analizzata più a fondo da Tone.

Il riconoscimento del rumore quale materia artistica è una fascinazione del XX secolo legata alla macchina e usata per abbattere, come affermava il futurista Luigi Russolo, la «fortezza dei suoni puri». Il segno più incisivo di questa modernità è forse l'autoreferenzialità delle opere; la musica parla del computer.

Gli artisti superano il concetto di citazione e assemblaggio di suoni esistenti per riaffermare l'importanza della composizione come oggetto sonoro autonomo.

Un esempio di questa pratica lo ritroviamo nel suo album del 1997, *Solo for Wounded CD*, in cui Tone distrusse una serie di CD prelevando i suoni danneggiati e da cui creò nuove composizioni, mediante un processo di de-controllo selettivo, randomico e casuale dei frammenti sonori raccolti.

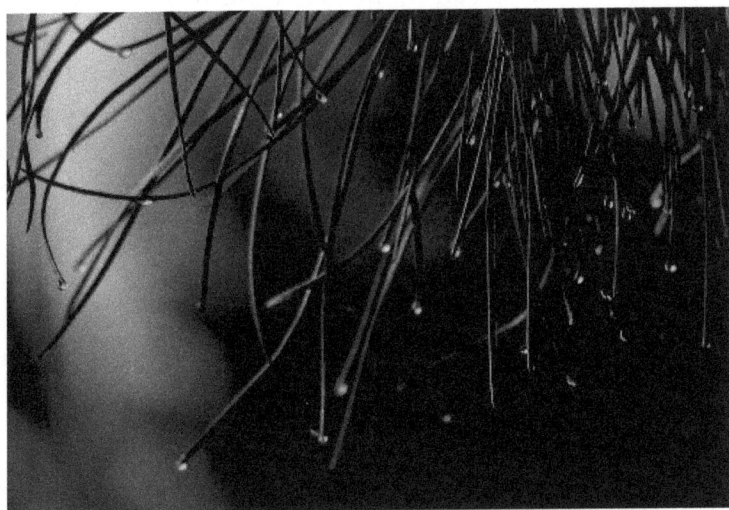

Nouveau Réalisme /
Yves Klein, il silenzio come PRESENZA UDIBILE

Non solo Cage ma altri artisti d'oltreoceano lavorarono sulla dicotomia suono-silenzio. Uno di questi fu il francese Yves Klein che con la sua *Symphonie Monoton-Silence* – un concerto caratterizzato da un unico accordo continuo tenuto per venti minuti e seguito da venti minuti di silenzio e assoluta immobilità – ha indagato nuovi aspetti circa la relazione musica-pittura.

L'opera, infatti, costituisce l'esatto corrispettivo musicale della trasformazione del monocromo pittorico nell'immateriale. Così Klein descrisse l'assenza di suono nella sua composizione:

> È questo silenzio meraviglioso che lascia spazio al caso e, a volte, offre la possibilità di essere davvero felici, anche solo per un attimo, un attimo la cui durata non è quantificabile.

La *Symphonie Monoton-Silence* fu eseguita la sera del 9 marzo 1960, nell'ambito della realizzazione pubblica dell'*Anthropométries de l'Époque bleue* alla Galerie Internationale d'Art Contemporain di Parigi.

In quell'occasione Klein diresse un piccolo gruppo di musicisti nell'esecuzione della sua sinfonia e guidò la performance di tre modelle nude, i suoi *pennelli viventi* che, con il corpo coperto di pittura blu, lasciarono la loro impronta sui fogli bianchi che rivestivano pareti e pavimento, creando le tele della serie *Anthropométries*.

Riflettendo sull'esperienza sonora della sua composizione, Klein scrisse:

Questo suono continuo emergeva dallo spazio pur rimanendovi dentro, lo penetrava nuovamente, poi ritornava al silenzio privato dell'attacco e della conclusione. Era silenzio, una presenza udibile!

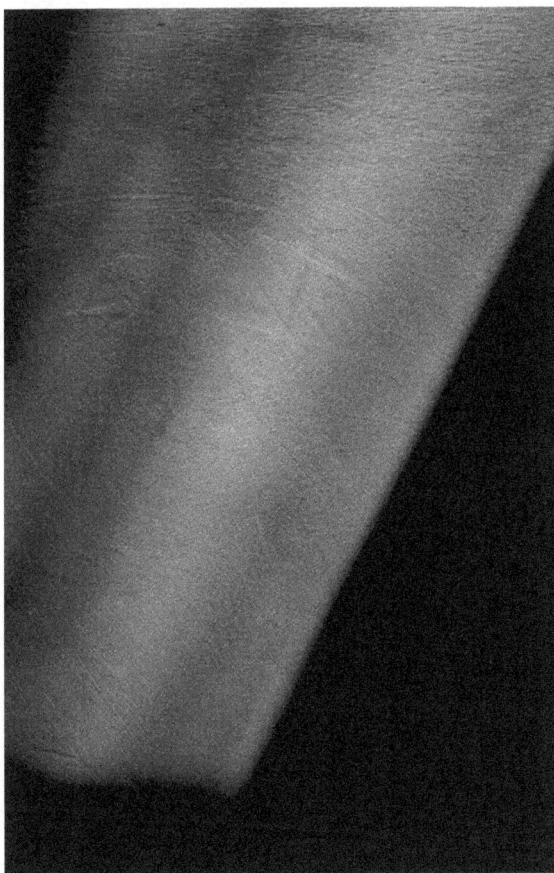

PROCESS ART [1] /
LE SONORITÀ EVOCATIVE DI ROBERT MORRIS

Il suono assume altri connotati con Robert Morris e la Process Art, corrente artistica che introduce l'estetica del supplemento per dare maggiori informazioni riguardo l'oggetto (come fece successivamente, utilizzando medium diversi, Lawrence Weiner con le sue installazioni a parete). Nel caso di Weiner, in particolare con *As far as the eyes can see* del 1988 in cui il supplemento è rappresentato dal senso visivo.

Con *Box with the sound of its own making* (1961), Morris propone allo spettatore l'evocazione del momento della produzione dell'opera stessa attraverso l'utilizzo del suono. L'opera è autoreferenziale, ma vuole porre l'accento sul processo.

Si configura come la volontà di uscire da quelle sovrastrutture di senso che ancora rimangono vive nell'arte della seconda metà del XX secolo.

PROCESS ART [2] /
STEVE REICH – MUSICA COME PROCESSO

La caratteristica dei processi musicali per Reich è
che determinano simultaneamente tutti i dettagli, nota
per nota (suono per suono) e in un'accezione di forma
globale (si pensi a un canone circolare o infinito).
Il suo interesse però è concentrato sui processi percepibili. Vuole ascoltare il processo nel suo svolgimento
sonoro.
Per favorire un ascolto attento ai minimi dettagli,
il processo musicale dovrebbe svolgersi con estrema
gradualità.
L'esecuzione e l'ascolto di un processo musicale graduale somigliano allo spingere un'altalena, a lasciarla
andare e a osservarla mentre ritorna gradualmente
all'immobilità; al capovolgere una clessidra e osservare la sabbia mentre scorre lentamente e si accumula
sul fondo; ad affondare i piedi nella sabbia sulla riva
dell'oceano e guardare, sentire e ascoltare le onde che
poco a poco li copre. Una volta avviato e innescato, il
processo entra in funzione con una dinamica e un ritmo che si evolvono costantemente anche se, dal canto
suo, l'artista desidera scoprire i processi e comporre
il materiale musicale in strutture compositive da rappresentare.
Può anche darsi che il materiale suggerisca il tipo
di processo adatto a svolgerlo (il contenuto suggerisce
la forma), o che il processo suggerisca che tipo di materiale adoperare (la forma suggerisce il contenuto):
se la scarpa calza, indossatela. Il processo musicale si
può attuare con un'esecuzione dal vivo di musicisti in

concerto oppure con degli strumenti elettroacustici. In ultima analisi, non è questo il problema principale. Uno dei più bei concerti a cui Reich aveva assistito era tenuto da quattro compositori che facevano ascoltare loro opere su nastro magnetico in una sala buia: un nastro è interessante se e quando lo si riesce a rendere tale. Quando si lavora di frequente con apparecchiature elettroacustiche si è portati a riflettere sui processi musicali.

Tutta la musica non è, in fin dei conti, che musica etnica.

I processi musicali possono metterci in contatto diretto con l'impersonale e darci nello stesso tempo una specie di controllo totale (spesso non si pensa che l'impersonale possa accompagnarsi al controllo totale). Quando si parla di *una specie* di controllo totale ci si riferisce all'atto di svolgere un dato materiale attraverso un processo che consente un controllo completo dei risultati, ma nello stesso tempo sarebbe opportuno anche accettare tutto ciò che ne risulta senza modifiche.

John Cage ha usato i processi e ne ha accettato i risultati, ma i suoi processi sono di tipo compositivo e non si possono distinguere durante l'ascolto.

Il processo che consiste nell'usare l'*I-Ching* o le imperfezioni di un foglio di carta per definire dei parametri musicali non è trasparente all'ascolto; l'orecchio non riesce a cogliere la relazione tra i processi compositivi e la realtà sonora.

Analogamente, nella musica seriale la serie raramente è udibile. Questa è una differenza fondamentale tra la musica seriale (essenzialmente europea) e l'arte seriale (essenzialmente americana), in cui la serie percepita è di solito il punto focale dell'opera: l'interesse per un processo compositivo che sia tutt'uno con la realtà sonora. James Tenney affermò, nel corso di una conversazione, che «il compositore non ha segreti». Non vi sono segreti nella struttura che non si possano udire. Il processo di visibilità fenomenologica del suono è udibile e noi tutti possiamo ascoltarne insieme lo svolgimento. Una delle ragioni per cui si può udire è che il processo si svolge con estrema gradualità. Il ricorso a meccanismi nascosti nella musica non ha mai attirato Reich.

Ci sono misteri a sufficienza per soddisfare tutti anche quando il gioco è scoperto e chiunque può ascoltare quanto si svolge gradualmente in un processo musicale. Questi misteri sono i sottoprodotti psico-acustici, impersonali e involontari, del processo stabilito; possono comprendere melodie secondarie che si ascoltano all'interno di motivi melodici ripetuti, effetti stereofonici che dipendono dalla posizione dell'ascoltatore, leggere irregolarità nell'esecuzione, armonici, suoni differenziali. Ascoltare un processo musicale che si svolge con estrema gradualità consente al fruitore di prestare attenzione a esso, ma esso si estende sempre oltre le sue capacità di percezione, il che rende interessante riascoltare lo stesso processo musicale più volte.

In questa prassi, è evidente la ricerca verso lo sviluppo di ogni processo musicale graduale (e completamente controllato) in cui si possono udire i dettagli del suono allontanarsi dalle intenzioni e seguire la propria indipendente logica acustica. Questi dettagli minuti sono percepibili quando si riesce a sostenere un'alta concentrazione e quando un processo graduale la induce. Per graduale qui va inteso l'estremamente graduale;

un processo che si svolge con tale lentezza e gradualità che ascoltarlo è analogo all'osservazione della lancetta dei minuti di un orologio: se ne può percepire il movimento solo dopo averla osservata per qualche tempo.

Anche varie musiche modali che oggi godono di una certa popolarità, come la musica classica indiana e il rock psichedelico, ci inducono a prestare attenzione ai minimi dettagli del suono. Essendo modali, con un centro tonale costante e con l'effetto di un bordone ipnotico e ripetitivo, tendono naturalmente a concentrarsi su questi dettagli piuttosto che sulla modulazione tonale, sul contrappunto o su altre tecniche tipicamente occidentali. Ma queste musiche modali restano schemi più o meno rigidi per l'improvvisazione: non sono dei processi.

La caratteristica dei processi musicali è che determinano simultaneamente tutti i dettagli, nota per nota, e la forma complessiva.

Non si può improvvisare in un processo musicale: i due concetti si escludono a vicenda.

Quando si esegue o si ascolta un processo musicale graduale si partecipa a una specie particolare di rito liberatorio e impersonale. Concentrarsi sul processo musicale consente di trasferire l'attenzione dal *lui*, dal *lei*, dal *tu* e dall'*io* verso l'esterno: all'*esso*.

LAND ART /
SCIOLA, MATERIA E SUONO

Giuseppe Sciola, detto Pinuccio, è uno scultore italiano. Artista sardo, è conosciuto per la sua attività nella promozione dei murales a San Sperate e per le sue sculture sonore.

L'artista analizza il territorio, prelevandone la materia nuda e cruda e traslandola nell'opera d'arte stessa.

Nel 1996 la sua ricerca personale sulle pietre sarde lo porta a realizzare sculture simili a grandi menhir (principalmente calcari o basalti) che risuonano una volta lucidate con le mani o con piccole rocce. *Le pietre sonore.*

Le proprietà sonore delle sculture sono realizzate applicando delle incisioni parallele sulla roccia. Queste sculture sono capaci di generare dei suoni molto strutturati, con differenti qualità secondo la densità della pietra e il tipo di incisione.

Ciò che viene prodotto sono suoni che ricordano il vetro o il metallo, strumenti di legno e voci umane.

La pietra (per non dire la natura stessa) parla, è immortale, ha un'anima.

I suoni che vengono prodotti toccando la pietra sono i suoni della materia stessa, insiti fin dalla loro nascita geologica.

SPAZIO E OPERA /
SONORITÀ E PRESENZE SECONDO BRUCE NAUMAN; LO SPAZIO COME OPERA D'ARTE

Di tutt'altro stampo è l'utilizzo del suono nel XXI secolo. Il medium della ripetizione assume diversi connotati. È il caso di Bruce Nauman, *Raw Materials*, 2004, opera realizzata per la Turbine Hall Gallery al Tate Modern di Londra. Nauman riempì lo spazio come forse nessuno aveva saputo fare in precedenza, lasciandolo al tempo stesso completamente vuoto. La sua infatti è un'opera sonora che si diffonde per tutto il volume del grande atrio, senza tuttavia mostrare traccia visibile per ottenere un mix omogeno con i rumori e il vociare della folla che accede al museo.

Il suono di Nauman trasmette presenze, identità. Lo spazio è opera d'arte, uno spazio che possiamo ritrovare anche in altre opere di Nauman, come per esempio in *Square Depression*. All'interno della Turbine Hall si odono voci che giungono improvvise nell'attraversamento: parole cariche di intonazioni ed emozioni diverse. Come se di colpo si aprissero porte e ci trovassimo nei luoghi intimi di qualcuno che si unisce a noi urlando, cantando, sussurrandoci i suoi pensieri. Nauman dirige quest'orchestra polifonica traendo i temi dai propri lavori del passato, che divengono *raw materials*, materie prime grezze, utilizzate quasi in forma astratta. L'approccio al difficile spazio della Turbine Hall sembra dunque seguire la strada intrapresa da Olafur Eliasson con il microclima post-atomico del suo *Weather project*: renderlo un monumentale luogo di percezione. Nauman non si tira indietro e trasforma la galleria in un enorme strumento musicale che ciascun visitatore può suonare a suo modo, attivando con il proprio percorso delle nuove configurazioni spazio-uditive. Le diverse coppie di casse direzionali posizionate lungo l'asse longitudinale della galleria creano infatti zone parallele di ascolto distinte ma anche sovrapposte. In questo modo, a ogni passo si possono intercettare nuovi fasci sonori vicini e lontani, dando vita a innumerevoli composizioni di senso e di suono. Quattro casse omnidirezionali invece sono appese al soffitto e diffondono un suono avvolgente, che ricorda le vibrazioni della vecchia turbina elettrica, un suono continuo che accentua ancora più la musicalità dell'insieme. Ma è una musicalità che disorienta, come spesso accade di fronte ai lavori di Nauman; in fondo, camminando per la Tate, a essere udite non sono altro che le tante voci di Nauman, già sentite, viste, lette sui neon in passato, ma ora riunite e riorganizzate in un unico grande coro.

PERFORMANCE [1] /
MARINA ABRAMOVIC: IL SUONO COME RELAZIONE TRA ARTISTA E SPETTATORE

Con la nascita della performance il suono diventa un medium tra artista e, se così possiamo definirlo, spettatore.

È forse uno dei momenti in cui lo spettatore si trova proiettato all'interno dell'opera d'arte fino a farne concretamente parte.

Con *Freeing the voice* del 1976 Marina Abramovic, in posizione supina e con la testa reclinata all'indietro in modo che il suo volto sia perfettamente visibile al pubblico, spalanca la bocca emettendo un suono atono.

Inizialmente sembra un grido di richiesta di aiuto, poi diviene più introverso e successivamente incontrollato.

Il senso dell'esecuzione è da ricercarsi nella risposta dell'Abramovic di riflesso all'istintivo grido prodotto dal pubblico: la reazione dello spettatore diventa l'esecuzione stessa.

Poi la sua voce vacilla, si trasforma in pesante respirazione e infine muore.

Il fisico è stato svuotato e l'annullamento del corpo segue quello della mente.

E così il suono della sua stessa voce, spinto al limite, diventa un'entità impersonale, un puro oggetto sonoro.

Freeing the voice fa parte di una serie di esecuzioni in cui Marina Abramovic si prefigge di purificare il proprio corpo e la propria mente e di scivolare in uno stato d'incoscienza. Il suono della propria voce non è altro, perciò, che il medium che le permette di andare oltre i propri limiti per entrare in una dimensione mai conosciuta prima e che, grazie all'uso di un linguaggio universale, fa conoscere anche al pubblico.

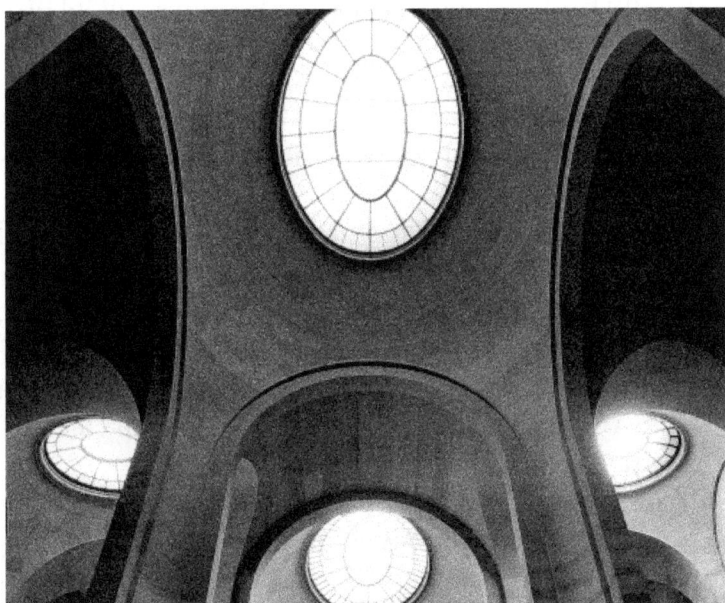

PERFORMANCE 2 /
NICO VASCELLARI, VOLUME E FISICITÀ

Per quanto riguarda l'ambito dei nuovi artisti del decennio, il focus si pone sul territorio italiano. È il caso di Nico Vascellari, giovane artista contemporaneo veneto. Musicista geniale e solo apparentemente sregolato, con cura e attenzione per il dettaglio, unisce nella propria opera la presenza fisica in movimento e i contenuti concettuali di riferimento.

Performance, installazione e video sono i linguaggi della possibilità, del costante mutamento, della rigenerazione.

Questa *Teoria dell'evoluzione* è un caposaldo del lavoro artistico di Vascellari: muoversi, spostarsi, cambiare, essere in movimento. Non staticizzare l'opera, renderla nuova, renderla vera, renderla se stessa e anche altro da sé; comunicarla qui e ora trasformandola di nuovo nel futuro, come un essere vivente in costante crescita e cambiamento.

Con *I hear a shadow* (presentata al Lambretto Art Project di Milano e al Museion di Bolzano nel 2009), protagonista dello spazio diventa un'enorme scultura monolitica di bronzo fuso, creata da un calco di un blocco di montagna ottenuto da un'esplosione, la cui superficie gode dello speciale trattamento riservatole durante la realizzazione che l'ha resa simile al carbone.

Una massa bruciata, segnata, incisa e viva, stratificata, vecchia.

Il *dialogo* che Nico Vascellari intrattiene con essa durante le performance richiama i suoni che provengono dall'interno della terra, dai tempi che si sono sommati e accumulati; è un continuo ritorno di frequenze, oscillazioni e pressioni generate dall'azione dell'artista sul corpo bronzeo (un po' come face Sciola con le sue *Pietre sonore*).

Producendo un suono costante e violento che si trasforma in un loop ossessivo, Vascellari sottolinea l'importanza del volume, un volume sonoro che diventa fisico.

Il corpo è inteso non tanto come fisicità ma come oggettualità e tridimensionalità.

È il volume il minimo comune denominatore, che avvicina l'oggetto concreto e la sonorità immateriale.

Con il suono esprime un graffiante e intimo istinto all'azione, al gesto, al comportamento dinamico e attivo.

Un suono dalle influenze *noise* e *hardcore*, e che nelle performance risulta molto vivo, pieno, forte, feroce; un suono che, nella rappresentazione mediata delle opere video, diventa costante distorsione, dissonanza, incomprensibile armonia che riparte dalle origini della musica e rotola giù nell'era post-industriale.

L'eco, il ritorno del suono prodotto da Vascellari, richiama alla memoria dello spettatore l'azione performativa.

L'esperienza sonora, quindi, viene intesa anche e soprattutto come esperienza simbolica.

PERFORMANCE 3 /
TERRY FOX, IL SUONO COME LINGUAGGIO UNIVERSALE

Il suono è la migliore arma di comunicazione, è un linguaggio universale aperto a qualsiasi tipo di orecchio, senza pregiudizi razziali. È percepibile solo attraverso il consenso dell'ascoltatore, non richiede intelligenza. Il suono si ferma e pulsa nell'aria. La performance è, per Terry Fox, un medium valido per poter aggirare le barriere dell'incomprensione, è la volontà di creare un'arte comprensibile da tutti e allo stesso modo. Arriva a tutti, senza bisogno di traduzioni. Nessuna mediazione, nessuno strumento. Solo l'artista davanti al suo spettatore. Così è, senza se e senza ma. L'artista di Seattle lavora ad *Ataraxia*, un CD contenente sei brani incisi in diverse location. La prima traccia, *Suono Interno*, viene eseguita durante una performance di sei ore all'interno della Chiesa di Santa Lucia a Bologna, nel 1979.

Nei diversi brani è il luogo che influenza la performance. *Berlin attic Wire* è un valido esempio di pura Sound Art: le corde del pianoforte esplorano le risonanze dell'attico della Künstlerhaus Bethanien di Berlino. La prima cosa che lascia basiti è il sound electro del brano eseguito senza strumentazione di stampo elettronico.

Qui è possibile comprendere l'abilità di Terry Fox nel trasfigurare il suono usando semplicemente le opportunità che gli vengono offerte dallo spazio performativo.

PINUCCIO SCIOLA /

Quando non ero e non era il tempo. Quando
il caos dominava l'universo. Quando il magma
incandescente celava il mistero della mia formazione. Da allora il mio tempo è rinchiuso in una
crosta durissima. Ho vissuto ere geologiche in-
terminabili. Immani cataclismi hanno scosso la
mia memoria litica. Porto con emozione i primi
segni della civiltà dell'uomo. Il mio tempo non
ha tempo. (Pinuccio Sciola)

Prima di ogni cosa, una riflessione: non si capisce il
motivo per cui Pinuccio Sciola non è un nome ben noto.

Se si trova l'ispirazione per la scultura organica, le
installazioni interattive, l'esplorazione materiale o per
la ricerca su materiali sonori *insoliti*, la sua opera probabilmente offre allora qualcosa da cui imparare.

Sciola è un innovativo e prolifico scultore italiano
scomparso all'età di 74 anni, meglio conosciuto per la
sua serie *mind-bending* di pietre sonore: rocce scolpite e segnate dalla sega diamantata con cura, che producono musica e sonorità capaci di creare atmosfere
inquietanti e metafisiche quando vengono toccate in
modo corretto.

Alcune pietre sonore sono enormi macigni, altre
grandi, da poter essere tenute in grembo. Fuori, nel
loro ambiente, sembrano antichi segni di navigazione
o simboli sacri di altre civiltà.

Per realizzare questi strani strumenti musicali, Sciola ha delicatamente tagliato e forgiato ogni roccia per

produrre sequenze tonali in base alla frequenza di risonanza di ciascuna.

È possibile ascoltare sonorità ricche di armoniche grazie alla sollecitazione e in base anche alla profondità dei tagli o delle incisioni effettuate dall'artista. Queste sculture hanno richiesto una grande comprensione delle qualità materiali, delle oscillazioni del suono e dei metodi necessari per liberarle.

La tavolozza di colori sonici prodotta, può rimandare ad altri strumenti – corni, legni, sintetizzatori, voci e a tutti quei suoni che anche attraverso le pratiche sperimentali possiamo immaginare – ma raramente un suono come quello che ci si aspetterebbe da un pezzo di granito.

C'è un patto tra Pinuccio Sciola e le pietre di Sardegna, tant'è vero che assomigliano l'uno alle altre come due gocce d'acqua. Deve essere la ragione per cui le pietre si lasciano fare di tutto da lui: tagliare, perforare, frammentare. Riesce persino a farle suonare. Fantastico. (Renzo Piano)

INTERMEDIALITÀ /

Le problematiche connesse al suono e al silenzio da una prospettiva trasversale e interdisciplinare coinvolgono a pieno titolo la ricerca dello scultore isolano Pinuccio Sciola e in particolare la magia e il fascino delle sue opere più note, le *Pietre sonore*, un singolare esempio di incontro tra arte plastica e dimensione musicale. Le opere, attraverso le quali lo scultore ha raggiunto una fama di respiro internazionale, si inseriscono nella complessità dello sviluppo di forme che ha caratterizzato la storia della scultura nella seconda metà del XX secolo e ne interpretano il senso più autentico dell'innovazione. Mi riferisco al lungo processo di sperimentazione iniziato negli anni Sessanta e Settanta che ha determinato la crisi definitiva della specificità del medium tradizionale, propria del modernismo, approdando all'ibridazione e alla contaminazione tra gli statuti disciplinari delle singole arti.

Dick Higgins, tra i fondatori del gruppo Fluxus, teorizzava il concetto di pratica intermediale concentrata sul sincretismo dei media e orientata verso la produzione di nuovi linguaggi capaci di coinvolgere lo spettatore in esperienze percettive totalizzanti e sinestetiche, in contrapposizione al magistero di Clement Greenberg, secondo il quale ogni forma d'arte si definisce per le sue caratteristiche mostrandosi come entità autonoma.

Nel caso specifico della scultura, come approfondito negli studi di Rosalind Krauss (1998), si determina una singolare interazione tra la staticità dell'elemento spaziale e il ruolo dell'esperienza temporale, trattandosi «di un medium peculiarmente posto al punto di congiunzione tra immobilità e movimento, tra tempo bloccato e tempo che scorre». La componente sonora, contrassegnata dall'immaterialità e dal senso della durata, ha indubbiamente rappresentato uno tra gli elementi più esplorati, divenendo oggetto di molti ed eterogenei interventi finalizzati a saggiare nuove possibilità espressive della scultura, favorendo il passaggio dalla semplice fruizione visiva dell'oggetto a una condizione integrata dei processi estetici.

Nel ricco panorama delle sperimentazioni che hanno riguardato la produzione di sculture sonore, affermatosi in ambito europeo come un filone a se stante, il lavoro di Sciola si configura come esemplare indagine sul rapporto tra forma e suono, incentrato principalmente sull'attenzione per l'esistenza fisica della pietra quale materia ricca di rievocazioni ancestrali e vocazioni identitarie; la ricerca della dimensione musicale dilata la scultura nello spazio e diventa scoperta della sua anima sonora, risonanza profonda che accompagna il viaggio attraverso la memoria.

Convivono nelle opere dello scultore una forte sensazione di ponderabilità, connessa alla gravità materiale e il senso di leggerezza proprio del suono, in un preciso equilibrio, per dirla con Georg Simmel, tra necessità della natura e volontà dello spirito.

L'artista ha iniziato molto presto a intessere il suo dialogo personale con la pietra, fin dagli esordi del percorso di ricerca nei primi anni Cinquanta; affiancata originariamente alla sperimentazione grafica e pittorica e all'uso di altri materiali, quali il legno e la terracotta, la pietra ha rappresentato il suo approdo definitivo, la rivelazione di una vocazione, il ricongiungersi a un'origine remota, interiore e profonda.

La natura delle scelte espressive che hanno determinato il forgiarsi del suo linguaggio è da ricondurre alle esperienze vissute dall'artista durante i numerosi viaggi intrapresi lungo il percorso formativo. Dalla natia comunità agricola di San Sperate, nel sud della Sardegna, Sciola si è allontanato molto giovane per andare a Firenze e frequentare l'Istituto d'Arte a Porta Romana e per seguire i corsi di scultura dell'Accademia Internazionale di Salisburgo. Successivamente, grazie a una borsa di studio, ha potuto frequentare la Facoltà di Belle Arti dell'Università di Madrid, nel Campus della Moncloa.

In gran numero sono stati i viaggi di studio intrapresi attraverso le città europee, con una predilezione per la Germania. Tuttavia, l'esperienza rivelatasi più importante, quella che ha influito maggiormente sulla definizione della sua poetica artistica, è stato indubbiamente il soggiorno in terra messicana avvenuto fra il 1973 e il 1975.

Oltreoceano lo scultore ha avuto occasione di conoscere David Alfaro Siqueiros, il grande padre del muralismo, al quale deve l'alta formazione che lo ha portato a trasformare San Sperate in un laboratorio permanente di decorazione murale, tanto da richiamare l'attenzione dell'Unesco e goderne del patrocinio nel 1973. Determinante, inoltre, è stata la frequentazione assidua del Museo Nacional de Antropologia di Città del Messico, scrigno di storia e cultura che ha colpito fortemente l'immaginario dello scultore.

Infatti, entrando in contatto con la ricchezza della cultura precolombiana e con la singolarità del suo universo formale, ne ha riscontrato la sorprendente stretta convergenza e la ricchezza di rimandi alle radici protostoriche sarde, scoprendo la linea di congiunzione tra due espressioni arcaiche congiunte in un medesimo orizzonte mitico e sacrale.

Lo sguardo verso il passato connota fin dal principio l'orientamento della ricerca di Pinuccio Sciola, impegnata a raccogliere l'eredità della tradizione antropologica isolana. Lo scultore indaga sui miti, sui segni, sulle forme materiche archetipe, in una «segreta parentela mediterranea spagnola e messicana» (Bandinu).

Una ricerca che parte da lontano, da *Pietre antiche*, per affermare il legame dell'uomo alla sua naturalità ancestrale e aprire al contempo un orizzonte di ricerca attuale dell'identità.

Prima di intraprendere un percorso esclusivamente orientato verso una produzione aniconica, consacrata come vedremo al monumentale, Sciola ha attraversato un significativo momento figurativo, una breve ma intensa stagione intrisa anch'essa di arcaismo, risalente agli anni Settanta. Le tematiche privilegiate mostrano un'attenzione peculiare verso il mondo popolare della sua terra d'origine, verso la realtà umana e sociale, talvolta con evidenti accenti di impegno politico; com'è accaduto, per esempio, per la serie dei *Cadaveri*. Questi ultimi, corpi deformi forgiati in un legno energicamente inciso e in parte combusto, si configurano come opere di grande vigore espressivo, esplicito grido di dolore e di protesta contro violenza e sottomissione, che lo scultore stesso ha definito come forme atte a documentare «l'irruzione nella storia del mondo popolare isolano» (Cherchi). Nella produzione in pietra, invece, a ispirare l'artista sono soprattutto le fisionomie dell'umile gente, i volti che ritraggono la figura del pastore, della contadina e dell'operaio.

L'attenzione di Sciola si è concentrata su forme solide ed essenziali costruite attraverso una semplificazione arcaistica dei profili, arrivando spesso a risultati di intensa forza comunicativa. Risultati che si congiungono idealmente al nutrito filone di ricerca della scultura italiana orientato in senso narrativo, con un'apertura e propensione alle infinite e prolifiche possibilità offerte dal racconto.

Un modello di linguaggio che, influenzato dal grande esempio di Arturo Martini affermatosi negli anni Trenta, è confluito nella corrente del realismo, il fenomeno culturale più vivo dell'arte italiana, esploso impetuosamente nei primi anni del secondo dopoguerra. In ambito scultoreo, tra le multiformi declinazioni, si citano le interpretazioni in senso arcaizzante e primitivo di artisti quali Giuseppe Mazzullo e Vittorio Tavernari; alle numerose maternità di quest'ultimo, in particolare, sia per l'essenzialità di forme che per la peculiare lavorazione della superficie, che appare come sgranata, può essere accostata la scultura di Sciola raffigurante il medesimo soggetto, realizzata alla fine degli anni Sessanta e conservata a San Sperate presso la casa museo dello scultore.

L'attenzione per il contesto sociale si affievolisce gradualmente per lasciare uno spazio sempre maggiore al dialogo con la storia e con la memoria e alla ricerca non figurativa. L'erezione di numerosi grandi blocchi di ispirazione megalitica è la testimonianza di un lavoro basato essenzialmente sulla ricerca e sulla scelta dei simboli archetipi a modello fondante del processo scultoreo.

Sciola ha intrapreso fin dai primi anni Settanta il suo cammino alla ricerca di pietre antiche della sua terra che conservano la suggestione archeologica delle pietre fitte, dei pilastri filiformi e dei betili dell'età del rame. La materia viene piegata alla sua espressività primordiale imponendosi con i suoi elementi essenziali di potenza e stabilità: lo scultore taglia e incide, unendo alla più antica cultura materiale dell'uomo la sperimentazione contemporanea. I segni del tempo presente trovano ispirazione nelle lunghe spirali geometriche, evocatrici di simbologie precolombiane, oppure sono lunghe e profonde fessure inferte nel basalto, fino a farne emergere l'anima, il magma solidificato, in un singolare contrasto tra l'esterno rugoso della pietra e la meticolosa lavorazione della forma geometrica ricavata sapientemente dall'interno.

Nell'orizzonte della scultura contemporanea il suo lavoro si riconnette alla complessa e multiforme storia del primitivismo che ha attraversato tutto il Novecento; in particolare, pur nella sua originalità e autonomia, a quel filone di astrattismo simbolico e primordiale affermatosi nella scultura italiana a partire dalla fine degli anni Sessanta.

Mi riferisco all'essenzialità e monumentalità delle pietre primitive di Lorenzo Guerrini, ma anche alle riflessioni concettuali di Giò Pomodoro concentrate sull'archetipo per eccellenza, il menhir, da lui consacrato come il prototipo di tutta la scultura (Gualdoni).

Grandi spezzoni di pietre grezze sono stati scelti, mossi, sollevati e conficcati nella terra, in verticale, verso il cielo... Monumenti dell'oblio le pietre fitte oppongono alla storia scritta la loro muta solitudine. Così è oggi ma così è stato nel passato (quanto antico?) quando già specie più evolute del menhir, pilastri e colonne furono innalzate o crollarono. Segmenti di infinito testimoniano precariamente il dominio assoluto in-spodestabile del vuoto indifferente agli accadimenti.

Così si legge in margine a un acquerello progettuale di Pomodoro del 1996.

LITOFONIA /

Agli inizi degli anni Novanta il percorso di ricerca di Sciola si arricchisce attraverso la sperimentazione di una nuova tecnica esecutiva di lavorazione dei grandi blocchi megalitici. Un metodo basato sulla segmentazione della pietra attraverso tagli profondi e regolari che si intrecciano dando vita a un reticolo di pieni e di vuoti; un processo graduale di sottrazione della materia alla materia. Sottilissime lamelle di pietra conferiscono al blocco la forma dell'arpa, oppure le superfici sono animate da una successione di quadrati regolari secondo una tipologia di lavorazione definibile a scacchiera. L'approccio a queste nuove forme ha guidato lo scultore verso la scoperta delle potenzialità sonore della pietra; egli scopre che accarezzando con le mani le fenditure delle superfici oppure sfregandole con piccoli segmenti ottenuti dalla materia stessa è possibile creare vibrazioni fisiche e acustiche.

> Si tratta di suoni inediti, strutturati e complessi, che raccontano e rivelano la vita musicale della pietra; ne rappresentano metaforicamente la voce segreta custodita al suo interno. Sono suoni lontani dalle rigidità delle partiture scritte e predeterminate, lasciati liberi, come teorizzava John Cage, di andare là dove essi vanno e di essere ciò che essi sono (Cage).

Sciola intraprende l'esplorazione di terreni sconosciuti, creando una musica fondata su strumenti inusuali che trova il precursore, come tutte le altre multiformi sperimentazioni del Novecento, nei celebri Intonarumori del futurista Luigi Russolo.

L'artista ha iniziato a condurre un lavoro insieme scultoreo e musicale, segmentando la pietra in funzione dei suoni da ricavare. Le vibrazioni ottenute sono di svariate altezze e profondità e variano, oltreché in virtù del materiale utilizzato, in base allo spessore, alla grandezza e alla forma dei tagli che hanno un ruolo fondamentale nella generazione dell'onda sonora; inoltre, grazie al tipo di sollecitazione che viene esercitata per ottenere la produzione musicale, ottiene un meraviglioso ventaglio di colori timbrici.

> Le prime rivelazioni sono avvenute con i basalti, rocce di natura vulcanica dalle quali possono scaturire suoni profondi, viscerali che sembrano giungere da un passato primordiale oppure dallo spazio siderale; successivamente, alla fine degli anni Novanta, è avvenuta la scoperta della pietra calcarea, con la quale la sorpresa si è centuplicata,

come ha raccontato lo scultore stesso, colto dall'entusiasmo per la straordinaria proprietà di trasmissione del suono, caratteristica di questa pietra.

Una roccia ricca di resti fossilizzati, dotata di grande elasticità e risonanza, dalla quale scaturisce una ricca produzione di suoni prevalentemente liquidi, che sembrano raccontare della lunga vita della pietra nell'ambiente marino. Il calcare, inoltre, si è rivelato per lo scultore strumento peculiarmente adatto a essere lavorato architettonicamente, così che i litofoni sono diventati anche grattacieli assemblati in agglomerati urbani risonanti.

Con le *Città sonore*, Pinuccio indaga nuovi
territori sonici, nuove interazioni tra le forme,
saggiando le potenzialità musicali dello spazio;
sono modernissime città, immobili e deserte,
animate soltanto dal soffio vitale delle vibrazioni
sonore provenienti dai nuclei abitativi, in una
suggestiva metafora del rumore della vita cit-
tadina (Favaro).

Le pietre mantengono la loro unicità anche quando
sono unite in gruppo; la varietà delle superfici è infinita
e a essa corrisponde un'infinita varietà dei suoni. La
caratteristica che le accomuna tutte è la condivisione
di una duplice anima, quella dell'opera d'arte scultorea,
destinata a essere ammirata e contemplata, e quella dello strumento musicale finalizzato alla fruizione sonora,
come l'attore della scena capace di coinvolgere lo spettatore nell'ascolto ma anche nella partecipazione diretta
alla produzione del suono. Sono opere che conservano
la loro semplicità monolitica e al contempo si fregiano
di una serie di componenti performative intrinseche.
 Presso la Facoltà di Fisica dell'Ateneo di Pisa, i suoni
dei basalti di Pinuccio Sciola sono da tempo oggetto di
indagine; i primi risultati hanno condotto all'accosta-
mento con i suoni dello spazio registrati dalla Nasa.
 Nella lunga storia delle sculture sonanti, i litofoni
rappresentano un genere di peculiare fascino, derivato
in primo luogo dall'avere ereditato il valore di una ricerca che l'umanità precorre fin da tempi immemorabili:
dai ritrovamenti di età neolitica, che testimoniano l'e-
sistenza di pietre appositamente scolpite per produrre
suoni e vibrazioni alle ricerche più attuali, il materiale
lapideo, al di là del suo aspetto apparentemente muto

e inerte, ha mostrato ricchissime potenzialità sonore. Nell'ambito della ricerca scultorea contemporanea, che ha prodotto i risultati più interessanti a partire dalla seconda metà del Novecento, si cita l'interessante esempio italiano dell'artista milanese Amalia del Ponte, per l'affinità tra la sua ricerca e il lavoro di Pinuccio Sciola.

Le consonanze riguardano innanzitutto la predisposizione a un'indagine costante sull'inscindibile legame esistente tra la peculiarità della forma e il suono da essa derivato. La scultrice, distintasi sulla scena internazionale fin dagli anni Settanta, ha sottoposto la pietra a un lungo e accurato lavoro per ritrovare in essa «le zone ventrali e i punti nodali», individuando l'area esatta in cui intervenire per forarle e appenderle alle pareti come grandi gong da accordare (Del Ponte).

La tecnica esecutiva si basa essenzialmente sulla percussione ottenuta con strumenti in legno disegnati e costruiti dall'artista al fine di ricavare la voce della pietra in forma di un flusso ordinato di onde che si propagano nello spazio.

Assimilabile alla ricerca scioliana, con ancora maggiori analogie relative sia alla forma scultorea dei materiali che al peculiare uso musicale, è il lavoro del tedesco Elmar Daucher, dedito alla produzione di litofoni, nel suo studio di Oggelshausen vicino a Stoccarda, a partire dai primi anni Settanta (la prima pietra sonora risale al 1974).

L'artista ha studiato a lungo i fondamenti matematici della musica per ottenere la varietà dei timbri musicali attraverso lo sfregamento e l'accarezzamento con le mani della pietra, ma anche del bronzo e del marmo (Küster 2006).

La collaborazione con performer e musicisti, anche di grande fama, come nel caso di Markus Stockhausen, ha portato all'esplorazione di una multiformità di accordi compositivi confluiti in una ricca produzione di musica sperimentale con partiture appositamente scritte per le sculture. Sviluppi analoghi hanno segnato anche il percorso di Pinuccio Sciola, le cui opere, e quindi il metodo fascinoso di derivazione del suono, hanno richiamato l'attenzione della musicologia internazionale: storici della musica, compositori e musicisti si sono confrontati con lo studio delle pietre sonore, attratti dal fascino di suoni inediti, lontani nel tempo ma anche così incredibilmente moderni, tanto da essere stati accostati a certi risultati di musica concreta e contemporanea.

Coesistono, nelle pietre scioliane, come ha scritto il musicologo Roberto Favaro, tre universi di tempo e di storia

> la contemporaneità, con il suo slancio spinto verso il futuro musicale; la preistoria con le modalità archetipe e antropologiche di significare e comunicare attraverso il suono; il tempo pre-culturale della natura sonante.

Per la prima volta le pietre sonore sono state presentate al pubblico alla manifestazione Time in Jazz di Berchidda ideata dal musicista di fama internazionale Paolo Fresu, nell'edizione del 1996 dedicata al rapporto tra la musica e la pietra. In questa occasione, Pierre Favre, tra i più grandi percussionisti al mondo, ha ottenuto il suono dalle pietre percuotendole con diversi materiali, dalle bacchette in legno o metallo ai piccoli frammenti di basalto e trachite, facendole interagire con il suo eccezionale gruppo di piatti e di cimbali in una memorabile performance rimasta nella storia del festival. L'evento è stato il precursore di una lunghissima serie di concerti che hanno visto le pietre di Sciola interagire in differenti contesti di sperimentazione musicale.

Di peculiare interesse per i risultati raggiunti sono state le ricerche d'avanguardia in direzione della musica elettroacustica, in una straordinaria fusione tra l'eterno tempo della pietra e l'attualità della tecnologia. Si cita a tal proposito la rassegna milanese Metafonie in occasione della quale il compositore sassarese Antonio Doro ha scritto musica per viola, per nastro magnetico e per pietre sonore, in un'esecuzione presentata al Teatro alla Scala nel 1999. Il suono delle sculture, oltre a essere stato riprodotto attraverso il nastro magnetico, era anche generato dal vivo attraverso la percussione con bacchette oppure con lo sfregamento delle superfici.

Qualche anno prima, il musicista Riccardo Dapelo aveva indagato approfonditamente sulla natura del suono delle pietre attraverso la progettazione di un sistema di sensori a ultrasuoni (costruito dal Laboratorio di informatica musicale dell'Università di Genova) capaci di catturare ogni minino timbro prodotto dalle sculture, destinato a essere registrato in tempo reale dal computer per essere rielaborato e ricombinato in numerose e diverse tessiture musicali. Anche in altre composizioni di Doro compaiono come generatori di suoni le pietre di Sciola. La produzione è connessa a una linea di ricerca che il compositore sardo conduce all'interno del Centro di ricerca e sperimentazione musicale (CERM) di Sassari.

In tempi più recenti, Pietro Pirelli, compositore per strumenti elettronici e acustici, in seguito al suo sorprendente incontro con l'universo scioliano, ha progettato installazioni sonore insinuando orecchi elettrici e membrane microfoniche tra i tagli delle sculture per riuscire a captare le sfumature dei suoni più impercettibili; attraverso quest'operazione, il compositore ha agito espandendo e manipolando con il suono elettronico le melodie prodotte dalla pietra, esplorando nuovi territori musicali all'insegna dell'interazione tra strumento tradizionale ed esecuzione moderna.

Nella lunga vita concertistica delle opere di Sciola un ruolo importante ha ricoperto la collaborazione tra lo scultore e il violinista Giacomo Monica, fondatore e direttore del Coro di Montecastello con sede a Parma. Il maestro è autore di alcuni brani scritti per pietre sonore e la sua ricerca approfondisce soprattutto lo studio sulle infinite possibilità di armonizzare i suoni inediti delle pietre con le voci umane.

Risale al 2013 il primo concerto che ha visto protagonisti i coristi impegnati a interpretare i suoni delle pietre in un suggestivo concerto-mostra alla presenza di trenta sculture di Pinuccio Sciola, allestite nello spazio dell'Auditorium del Carmine di Parma. Con la città emiliana l'artista ha stretto un legame professionale profondo che dura ormai da molti anni e trova concretizzazione nelle frequenti organizzazioni di eventi dedicati alle pietre sonore e soprattutto nell'acquisizione di numerose sculture custodite presso il Centro

Studi e Archivio della Comunicazione dell'Università parmense.

Le pietre scioliane sono inoltre protagoniste di un complesso progetto didattico sviluppatosi presso l'Accademia di Brera a Milano intitolato *La sinfonia delle pietre*. Le sculture sonore (un omaggio a John Cage), si interfacciano con scenografia, musica, coreografia, fotografia, costume e video arte. Diretto da Gastone Mariani, titolare della Cattedra di Scenografia, e da Roberto Favaro, docente di Storia della Musica e del teatro musicale, il laboratorio ha un carattere interdisciplinare in continua evoluzione e trova nella natura ibrida delle pietre sonore l'esempio più alto dell'incontro tra le arti, il punto di partenza per i multiformi tracciati delle performance pensate e rappresentate dagli stessi studenti.

La storia musicale delle pietre sonore è un continuo work in progress, che vede inesauribili le potenzialità di utilizzo dello "strumento", dalle variabili legate alle tecniche esecutive alle diverse specializzazioni dei musicisti che le studiano, fino all'importanza fondamentale dell'interazione con il contesto che le accoglie.

Il filosofo Herbert Read nel suo *The Art of Sculpture*, definisce la scultura come arte plastica che accorda preferenza alle sensazioni tattili e, attraverso la definizione di queste ultime, raggiunge i suoi più alti valori estetici.

Tuttavia, continua Read, sarebbe errato fondare le varie arti su una singola sensazione poiché in ogni esperienza esiste una reazione a catena o un Gestaltkreis, nel quale una percezione innesca e coinvolge per reazione una serie di altre sensazioni.

Le sculture sonore di Sciola sono mirabilmente esemplificative in tal senso, in quanto opere capaci di affermare evidentemente il senso di ponderabilità e la forte dominante tattile dalla quale si diparte, come in un vortice dirompente, un processo di coinvolgimento delle altre sensazioni che trascina la vista, naturalmente compromessa nell'esperienza estetica, e l'udito attraverso la suggestiva magia del suono.

Il canto delle sculture di Pinuccio Sciola è potente e ammaliante come il canto delle sirene che sconvolse Ulisse ma benigno come la voce di una madre che culla il figlio che ha ancora nel grembo. Guardate e ascoltate le arpe del Maestro Sciola, lasciate alle spalle i pregiudizi, accogliete lo stupore e forse intuirete il valore intrinseco dell'arte e sicuramente scoprirete che la nostra origine e l'origine dell'universo che ci circonda cantano. (Moni Ovadia)

LA SPERIMENTAZIONE /

Le pietre sonore di Pinuccio Sciola hanno
il potere di suscitare in noi l'equivalente di un
evento sacro; o almeno di un evento dove il fattore simbolico s'incarna in un'opera che – prima
di essere dell'uomo – è del creato,

scrive Gillo Dorfles dell'artista conosciuto in tutto il
mondo per aver dato voce alle pietre, ma che sarebbe
riduttivo ricordare solo per questo. Pinuccio Sciola ha
dato vita al primo museo a cielo aperto in Sardegna,
coinvolgendo soprattutto i giovani e divulgando la sua
conoscenza attraverso una scuola di scultura, workshop
e festival, ma anche attraverso incontri occasionali.
Poliedrico e sperimentatore, formatosi all'Accademia
di Salisburgo, aveva avuto maestri come Siqueiros,
Kokoschka e Vedova.

Ci vorrebbe una festa, come quella che si fa
ai Santi. La festa di Sant'Arte, l'unica festa del
calendario da festeggiare e santificare tutti i gior-
ni dell'anno perché è l'unica che salva l'uomo
dall'appiattimento mentale,

dicono in paese.
La sua casa a San Sperate era sempre aperta. Rac-
contava i suoi aneddoti intanto che offriva da bere e
preparava da mangiare, prima di condurre gli ospiti
a visitare il suo giardino di pietra: il parco di sculture
megalitiche creato nel corso degli anni, dopo aver ricoperto di murales il suo paese natio. Pinuccio viveva

d'arte e per l'arte. Semplice e diretto, aveva un cuore grande e amava i giovani e la vita.

PIETRA E PASSIONE /

Quel che la pietra può dire di sé, non è solo
la vicenda eruttiva che l'ha fatta emergere dalle
profondità della terra, ma è anche, e soprattutto,
il suo provenire da un altrove astrale, il suo aver
viaggiato per tempi e spazi che la nostra immaginazione a stento riesce a ipotizzare.

Ha fatto sue queste parole Placido Cherchi, perché
nelle pietre Sciola vedeva il mistero dell'intero universo.
Come uno sciamano le accarezzava dolcemente, nonostante le mani forti e ruvide, e protendeva l'orecchio per
ascoltarne il suono, quel canto che solo lui era riuscito a
far emergere da quella materia apparentemente inerme
e fredda.
Sembravano piovute dal cielo, quelle forme dissemi-
nate nel piazzale della chiesa di San Francesco ad Assisi,
mentre quella monumentale scelta da Renzo Piano per
il Parco della musica a Roma si innalza tuttora in tutta
la sua solennità, così come fecero le Colonne Infinite
nella basilica di San Saturno a Cagliari. E quando ha
potuto suonare a Santa Croce, davanti alle spoglie di
Michelangelo, si è commosso e ha confessato d'avere
vissuto l'emozione più grande e più intensa della sua
vita. Le sue pietre, quelle a cui ha catturato l'anima,
sono arrivate dappertutto: Berlino, L'Avana, Budapest,
Parigi, Città del Messico, Barcellona, Stoccarda, Shan-
ghai... Solo la Sardegna non l'ha mai riconosciuto e ce-
lebrato abbastanza – basti pensare che nessuna istitu-
zione gli ha dedicato un'antologica – quando non è stato
oggetto di vandalismo, com'è successo per il murale

di Piazza Repubblica, scalpellato e cancellato dopo trent'anni di presenza, per ristrutturare la palazzina che lo ospitava. È stato perciò motivo di stupore quando è arrivato l'invito dal Teatro Lirico per la realizzazione delle scenografie della Turandot. La Turandot più vista a Cagliari.

Le mie sculture per ora sono qui, nei luoghi in cui le ho piantate perché mettessero radici e tornassero a vivere. Un giorno che non conosco, spero tornino all'Universo che le ha generate.

L'opera di Pinuccio Sciola aderisce all'intenso e consolidato dialogo tra le diverse discipline artistiche e della comunicazione in cui le varie identità creative, con i rispettivi statuti, si confrontano, si trasformano e si fondono, ponendo interrogativi e dando risposte sulle analogie, sui riflessi, sulle complicità reciproche tra scultura, architettura, arti visive, letteratura, musica. Un dialogo in cui i linguaggi si aprono e si attraggono reciprocamente, fondendosi. Le *Pietre sonore*, blocchi di materia solida che lavorati portano alla luce una natura morfologica suggestiva e una disposizione alla trasfigurazione della propria identità verso qualcosa d'altro (o oltre) da sé, espandono una voce, un'intima manifestazione sonora liberata dal gesto scultoreo, dalla forma stessa assunta dal solido, dalla partecipativa interazione del fruitore con questa voce, questo mondo di suoni imprigionati da sempre. L'atto di eccitazione della pietra adeguatamente lavorata da Sciola si apre a varie rimodulazioni: non più solo l'aspetto percussivo, ma azioni come carezze, sfregamenti delicati, effusioni del corpo o di altri agenti, eccitazione per mezzo dell'acqua che manifestano una sensibilità decisamente superiore della pietra, con esiti musicali sorprendenti e irresistibili. Le sue sculture si fruiscono infatti come oggetti plastici, come reperti antropologici, spazi architettonici, come riflessi letterari, come strumenti per la produzione sonora, come spazi di ascolto.

Il contributo di Sciola alla storia della scultura è importantissimo e, per questa propensione a favorire il dialogo tra le arti e in particolare alla complicità tra scultura e musica, perfino unico, indispensabile. Il sentiero storico con cui egli si inserisce è, data l'originalità della sua opera, poco marcato, poco battuto. Sciola, in altre parole, non si rifà a una tradizione, non si inserisce in un percorso, in una scuola. Si può perciò dire che il suo lavoro e la sua idea di scultura, originalissimi, fondano una nuova disciplina, marcano un nuovo territorio, annunciano e realizzano forme nuove di espressione, modi inediti di ricezione dell'arte e della musica, contesti futuri, densi, mai finora praticati di arte, di emozione, di sentimento. (Roberto Favaro)

Ontologia della Materia /

«La pietra ha un'anima, una memoria ed elasticità ed è senza tempo». È questa una delle prime cose che si imparano da Pinuccio Sciola, l'artista di San Sperate. Nella sua abitazione-museo dove la sensazione, da subito, è quella di entrare in un luogo speciale, quasi di culto.

«Tutti i suoni sono espressione di una vibrazione, allora, accarezzando la pietra, attraverso queste lame che sono riuscito a creare, si creano delle vibrazioni, che soltanto accarezzandole riesci a ottenere, le vibrazioni che fanno salire, fanno venire fuori dall'interno della materia i suoni, io non faccio altro che sottolineare che questi non sono i miei suoni ma i suoni della materia che sono insiti dentro, da quando? Da quando la pietra si è formata.

Quando la pietra si è formata? Allora devi necessariamente tornare indietro nel tempo.

Un calcare per esempio è un suono liquido. Perché il calcare da un punto di vista geologico non è altro che acqua fossilizzata. Per cui la memoria della materia acqua, durante la glaciazione, è rimasta impressa, perciò basta accarezzarla perché venga fuori.»

Scaturiscono così suoni liquidi quasi onirici, che rievocano immagini che non ricordiamo ma che provocano un profondo senso di talk di contatto con luoghi e spazi della memoria che ci appartengono. Il linguaggio del suono diventa l'anello che ci permette di connetterci, proprio come avviene in un contesto ritualistico, con un macrocosmo più ampio al quale siamo legati. L'ambiente sonico diventa principio di autoriforma e consapevolezza del sé. Grazie alla tecnologia e all'intuizione artistica, che ha dato luogo a dei particolari tagli nella pietra, si ottengono delle fasce sollecitabili e in grado perciò di produrre delle vibrazioni; tali sollecitazioni possono avvenire per sfregamento (anche con un archetto per violino) o per percussione o anche per frizione di pietra su pietra, ottenendo in questo modo un suono dolce e particolare. L'impiego di queste capacità tecniche e artigianali consente all'artista di modellare la materia nella giusta direzione, forgiando la pietra secondo parametri di frequenza, di altezza, intensità, durata e timbro ma, cosa importante, non secondo un intervento coercitivo ma nel rispetto di una ricerca dove l'artista, nella rappresentazione sonica, dimostra di aver coniugato, attraverso un dialogo invisibile, l'esprit poetico dettato dall'ispirazione con la potenza immanente, permanente e permeabile della natura.

Molto più cupi, invece, i suoni del basalto fatti di terra e di fuoco. Nella sua memoria, infatti, ci sono lava e fiamme e le sue origini, a dimostrare senza troppe metafore, che i suoni rappresentano l'intima essenza della vita. C'è in questa affermazione una naturale considerazione che ci riporta nuovamente al valore ontologico della sostanza sonica che, di fatto, non può prescindere dall'aspetto semantico e simbolico a cui appartiene.

I Semi della Pace /

Ad Assisi, nella splendida piazza inferiore della Basilica di San Francesco, nel 2008, Pinuccio Sciola presenta *I Semi della Pace*, circa 200 *semi-sculture* in pietra di svariate grandezze. Questi grandi oggetti naturali di circa 150 kg ognuno profondamente inciso e dai quali, in perfetta geometria, emerge l'anima della materia con tutte le suggestioni primordiali della nascita alla vita, richiamano immancabilmente lo straordinario rapporto esistente fra l'arte e la natura.

Il progetto è voluto da padre Vincenzo Coli, custode della Basilica, che riporta la memoria di San Francesco con una sua affermazione: «Dall'impossibile è possibile il possibile». Sull'onda di questa citazione, Sciola sostiene che da un seme può scaturire la pace. Essi sono perciò seminati lungo la piazza inferiore della Basilica di San Francesco e diventano opera d'arte. L'installazione è presentata da Carlo Arturo Quintavalle, che la definirà come l'opera più classica che si possa immaginare. Questa descrizione ci spinge naturalmente a una riflessione che fa discutere su una sorta di deformazione culturale derivante dal fatto che il termine Classico si colleghi a un pensiero che ci conduce in Grecia o nel Rinascimento. Di fatto, secondo il Quintavalle, l'installazione racchiude il dettato michelangiolesco, la visione dell'artista che affermava la necessità di togliere quello che c'è in più essendo la forma già dentro l'opera.

Questa forma geometrica, quella del seme, perfettamente contemporanea e che in termini scientifici viene definita *bomba,* si riferisce a un lapillo del vulcano che è rimasto intatto. Per l'artista questo fenomeno assume un doppio significato: all'apertura dell'involucro dell'elemento e alla successiva scoperta, all'interno, di una geometria perfetta, si rimane colpiti dalla forza rappresentativa ed espressiva caratterizzanti il massimo valore che si può assegnare alla contemporaneità; in senso astratto, all'aspetto complessivo dei fenomeni culturali e spirituali dell'età presente.

Parlare quindi di pietra antica e moderna non è insensato, la pietra come l'arte non ha tempo perciò l'artista guida il pubblico verso un approccio sensibile e consapevole alla fruizione della materia e della natura attraverso un contatto multisensoriale e unitario.

La pietra oggi è di un'importanza incommensurabile perché non è possibile definirne completamente il valore e l'importanza. Un esempio è quello dell'impiego in semplici tecnologie, come quella dell'orologio, in cui il funzionamento del meccanismo è permesso dall'uso di silici-quarzi, rivelandoci e risottolineando la permanenza della memoria della materia-pietra.

La vita prima della vita stessa.

Bio 2 /
Laurie Phillips Anderson /

Laurie Anderson può essere considerata uno degli artisti di maggior rilievo di oggi. Conosciuta soprattutto per le rappresentazioni multimediali e per le sue esibizioni in ruoli diversificati come artista visivo, compositrice, poetessa, fotografa, regista, mago dell'elettronica, cantante e strumentista. Anderson ha tenuto concerti negli Stati Uniti e numerose volte a livello internazionale con spettacoli che vanno dalle semplici interpretazioni di parole pronunciate fino all'elaborazione di eventi multimediali.

Tra le opere principali figurano: *United States I-V* (1983), *Empty Places* (1990), *The Nerve Bible* (1995), e *Songs and Stories for Moby Dick*, performance multimediale basata sul romanzo di Herman Melville.

Le canzoni e le storie di Moby Dick hanno fatto il tour internazionale nel corso del 1999 e del 2000. Nell'autunno del 2001, Anderson ha visitato gli Stati Uniti e l'Europa con una band, eseguendo musica da *Life on a String*. Ha inoltre presentato molte opere soliste, tra cui *Happiness*, che ha debuttato nel 2001 ed è stato in tour internazionale nella primavera del 2003.

L'artista ha pubblicato anche sei libri. Il testo delle sue rappresentazioni personali apparirà nel libro *Extreme Exposure*, edito da Jo Bonney.

Il lavoro visivo di Laurie Anderson è stato presentato in importanti musei in tutti gli Stati Uniti e in Europa. Nel 2003, il Musée d'Art Contemporain di Lione in Francia ha prodotto una retrospettiva del suo lavoro intitolato *The Record of the Time: Sound in the Work*.

Questa retrospettiva comprendeva installazioni, audio, strumenti, video e oggetti d'arte e copre la carriera di Anderson dagli anni '70 alle sue opere più attuali. Ha continuato a viaggiare a livello internazionale dal 2003 al 2005. Come artista visivo, Anderson è rappresentata dalla Sean Kelly Gallery di New York dove la sua mostra, *The Waters Regliterized*, è stata inaugurata nel settembre 2005.

In qualità di compositrice, Anderson ha contribuito alla musica dei film di Wim Wenders e Jonathan Demme, *Dance pieces* di Bill T. Jones, Trisha Brown, Molissa Fenley e una menzione per la produzione teatrale di Robert LePage, *Far Side of the Moon*. Ha creato pezzi per la Radio Pubblica Nazionale, BBC ed Expo '92 a Siviglia. Nel 1997 ha curato le due settimane di Meltdown Festival presso la Royal Festival Hall di Londra. Le sue più recenti opere d'orchestra, *Songs for A.E.*, sono state presentate alla Carnegie Hall nel febbraio 2000 dall'American Composers Orchestra e successivamente presentate in tour in Europa con l'Orchestra da Camera di Stoccarda diretta da Dennis Russell Davies.

Riconosciuta in tutto il mondo come leader innovativo nell'uso della tecnologia nelle arti, Anderson ha collaborato con Interval Research Corporation, un laboratorio di ricerca e sviluppo fondato da Paul Allen e David Liddle, nell'esplorazione di nuovi strumenti creativi, tra cui il Talking Stick.

Ha creato la sequenza di introduzione per il primo segmento di *PBS special Art 21*, una serie sull'Arte nel XXI secolo.

I suoi premi comprendono il Premio Tenco 2001 per cantautori a San Remo, Italia, e nel 2001 il premio Deutsche Schallplatten per *Life On A String*, nonché sovvenzioni della Fondazione Guggenheim e dal National Endowment per le Arti.

Nel 2002, Anderson è stata nominata il primo artista in residenza della NASA per la quale ha sviluppato la sua performance solista *The End of the Moon* che ha debuttato nel 2004 ed è stata presentata in tour a livello internazionale nel 2006. Altri progetti recenti includono una commissione per la creazione di una serie di installazioni audio-visive e di film ad alta definizione, *Hidden Inside Mountains*, per il World Expo 2005 ad Aichi, in Giappone, e una serie di programmi per la radio francese chiamata *Rien dans les Poches / Nothing in my Pockets*.

La sua musica per l'acclamata opera di Trisha Brown, *O Composite*, è stata premiata all'Opera Garnier a Parigi nel dicembre 2004.

Anderson ha preso anche parte al team creatore della cerimonia di apertura per i Giochi Olimpici 2004 ad Atene.

Recentemente ha lavorato ad alcuni progetti fra cui una serie di passeggiate documentate, un nuovo album per Nonesuch Records, *Homeland*, e una performance su un'accompagnatrice turistica.

L'artista d'avanguardia è la più famosa della sua generazione e il centro della sua poliedrica attività artistica rimarrà sempre la performing art e gli ambiziosi progetti multimediali, capaci di mescolare musica, proiezioni video, danza e – più di ogni altra cosa – il linguaggio scritto e parlato, vero e proprio focus della sua intera produzione.

Un passo indietro. Alcuni anni prima del 1981 e di *O, Superman*, Laurie Anderson si trasferisce a New York dopo aver trascorso i primi 20 anni di vita nella

Chicago che l'ha vista nascere. Arriva nella Grande Mela portandosi dietro il violino che studia da quando è adolescente; inaugura la sua nuova vita diplomandosi in storia dell'arte, approfondendo l'ambito della scultura alla Columbia University e cominciando a insegnare storia dell'arte e architettura egiziana.

È solo questione di pochi mesi perché si arrivi alla sua prima performance pubblica (1973) e dopo qualche anno, perché il suo nome diventi un ospite fisso nei musei, nelle sale da concerto e nei festival artistici (non solo in Nord America ma anche in Europa).

Il comune denominatore dei suoi progetti multimediali è la forza/fascinazione della parola e del linguaggio ma ciò non le impedisce incursioni più o meno enfatizzate nell'immaginario visivo e nella tecnologia più avanzata come dimostra il brano del 1980 *Born, Never Asked*, composto per orchestra e calcolatore elettronico.

L'anno dopo, Laurie Anderson incide *O, Superman*, il singolo che la renderà famosa presso un pubblico molto più vasto di quello conosciuto fino ad allora.

Registrato presso la piccola etichetta newyorkese 110 Records, *O, Superman* è un brano di 11 minuti nel quale una sorta di basso continuo elettronico sostiene musicalmente un testo per metà recitato e per metà cantato (con la voce a tratti elaborata in postproduzione). La *song* diventa inaspettatamente un successo, soprattutto in Inghilterra dove raggiunge la posizione #2 nelle classifiche pop.

Sull'onda del favore del pubblico e collegando l'interesse di Laurie Anderson per il mondo discografico, Warner Bros. le fa firmare un contratto per produrre e distribuire un LP. È così che Laurie giunge al suo album d'esordio: *Big Science* esce nel 1982 come parte di un progetto molto più ampio, una performance multi-mediale lunga 7 ore e intitolata *United States* che uscirà nel 1984 in un set di 5 LP dal titolo *United States Live*.

Il culmine della strada inaugurata grazie al contratto con la Warner è *Mister Heartbreak* del 1984, album molto più accessibile rispetto ai precedenti lavori, più decisamente orientato verso il pop e impreziosito da collaborazioni che vanno da Peter Gabriel ad Adrian Belew. Il risultato di questo perfetto mix di scrittura e di talenti è che il disco riesce persino a far capolino nella classifica statunitense.

Due anni dopo, nell'86, è la volta del film-concerto *Home Of The Brave*, seguito l'anno successivo da un'incursione nel cinema grazie alla colonna sonora del documentario *Swimming To Cambodia* (diretto da Jonathan Demme).

In seguito le sedute in sala d'incisione si fanno sempre più rare, soprattutto perché Laurie Anderson si impegna molto di più nelle performance live: fra il 1989 e il 2001 escono solamente tre album. Il primo si intitola *Strange Angels* (1989) e guadagna ottime recensioni. Il secondo è *Bright Red* (1994), prodotto da Brian Eno e arricchito da una partecipazione di Lou Reed, suo compagno. Il terzo album è *Life On A String* (2001).

In mezzo a questa intensa attività trovano spazio i performance-tour e lo *spoken-word The Ugly One With The Jewels And Other Stories* (1995), registrazione di reading live tratti dal suo libro *Stories From the Nerve Bible*.

L'inizio del nuovo secolo è anche all'insegna di una mostra itinerante che, dopo Lione e Düsseldorf, approda al Padiglione d'Arte Contemporanea di Milano: *The record of the time* raccoglie sculture, fotografie, disegni, videoinstallazioni e strumenti musicali creati da Laurie Anderson e convince i fan che vale la pena di aspettare qualche anno per il prossimo album in studio.

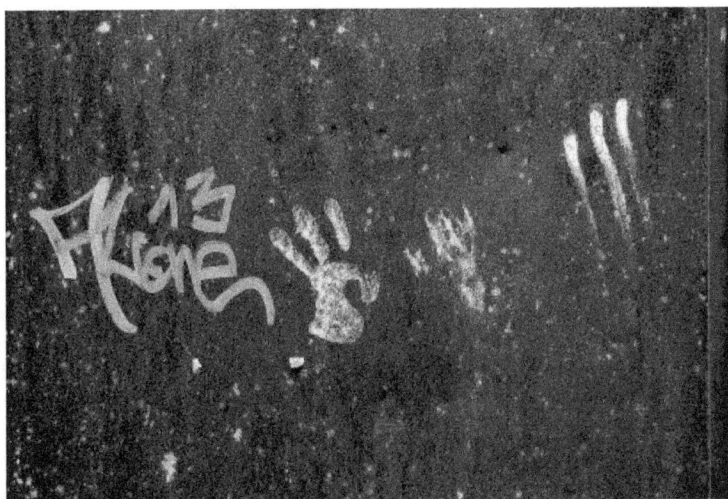

STRUMENTI CREATIVI /

Il violino resterà uno strumento di forte centralità nelle sue esibizioni e per l'impiego creativo che l'artista ne ricava.

Uno dei suoi oggetti sonori più celebri, il *Tape-bow violin*, ha una testina da registratore al posto delle corde e un nastro magnetico inciso, teso sull'archetto; il suono viene prodotto facendo scorrere l'archetto (il nastro) sul violino (la testina).

Il *Talking stick* (bastone parlante), una barra metallica riempita di circuiti elettronici che riproduce suoni in base al movimento che riceve e alla pressione che viene esercitata.

COLLABORAZIONI

Fra le svariate collaborazioni ricordiamo quelle con lo scrittore William S. Burroughs, con il regista Wim Wenders e con molti musicisti fra i quali Brian Eno, Peter Gabriel, Philip Glass, Jean Michel Jarre, Bobby McFerrin, Lou Reed, Dave Stewart (Eurythmics), John Zorn e Adrian Belew (King Crimson).

OPERE MULTIMEDIALI

Puppet Motel
Laurie Anderson with Hsin-Chien Huang
multimedia cd-rom - 1995

ALTER EGO /

L'atto di parlare attraverso un corpo sostituto e trasformato, surrogato, è un dispositivo frequente nel lavoro della performer americana Laurie Anderson. In molte delle sue installazioni Anderson non parla di se stessa in prima persona, anzi, parla attraverso un alter ego, in genere tecnologicamente generato, che ventriloquizza le sue storie e i suoi aneddoti. Tra lei e il pubblico si interpone spesso un rimpiazzo ed è questo medium che usa e interpreta la parola. Tali persone-surrogati sono quasi sempre vocalmente manipolate: nelle sue performances la voce viene spesso modulata per interpretare diverse personalità: il maschile come *voce dell'autorità*, la voce stridula di un bambino, i toni lamentosi di *mamma* nel suo ben noto brano *O, Superman* e così via. Quando la voce non è suggestivamente sostituita da strumenti musicali. Anderson, violinista di formazione classica, ha detto che per le sue performance,

> Il violino è l'alter ego perfetto. È lo strumento più vicino alla voce umana... Ho passato un sacco di tempo a cercare di insegnare a parlare al mio violino.

Ma ci sono anche surrogati fisici più completi e ai quali Anderson trasferisce la sua voce. Un elenco di alter ego materici di Anderson potrebbe includere i *cloni digitali* della serie in video del 1986 *What You Mean We?* Un perfetto manichino-ventriloquo che suona un violino in miniatura in *Stories from the Nerve Bible*

(1992), e il pappagallo *animatronico* dell'installazione *Your Fortune One $* (1996), che garriva con una voce generata dal computer al passaggio dei frequentatori della galleria. In un commento su quest'ultimo lavoro, Anderson dice:

> Come artista parlante, sono sempre alla ricerca di alter ego, interlocutori surrogati e da sempre, sono incredibilmente affascinata dai pappagalli. In tante occasioni ho passato del tempo con il pappagallo africano grigio di mio fratello, Zio Bob.
>
> Lo Zio Bob ha un vocabolario di circa cinquecento parole. Non si è mai sicuri con lui della linea di confine fra il balbettio ripetitivo e la comunicazione consapevole. Quanto più lo ascoltavo più sembrava potesse comunicarmi emozioni – grida e frasi che esprimevano solitudine, paura, pura felicità – tutte con il suo vocabolario così estremamente limitato. Mi ha fatto capire quanto il linguaggio umano è una combinazione di frasi frutto di una memoria, un'abitudine meccanica e di invenzione fortuita, un complesso mix delle cose che si possono dire e dell'indicibile (Control Rooms).

È importante sottolineare come l'elenco degli alter ego di Anderson potrebbe continuare a estendersi, per includere, come scelta politica dell'artista, l'esecuzione degli spettacoli nella lingua nativa locale quando è in tour in paesi non anglosassoni. Anche se completamente all'oscuro del significato delle parole che pronuncia, nelle occasioni in cui applica questa tecnica, l'artista ottiene un'efficace ventriloquizzazione di se stessa attraverso l'impiego di un traduttore digitale, come in un'altra delle sue celebri canzoni, *Language is a virus from outer space*. In un'occasione speciale, però, Anderson balbettò da cima a fondo uno spettacolo in giapponese, pronunciando foneticamente e con cura ogni suono, inconsapevole di essere stata istruita da un traduttore con un difetto di pronuncia. «La mia bocca è in movimento», ha detto dell'esperienza di eseguire concerti in francese, «ma non capisco davvero quello che sto dicendo» (Goldberg, Laurie Anderson). Il percorso tortuoso, dalle parole scritte alla traduzione, all'enunciazione da un altoparlante che non parla correntemente la lingua della traduzione risultante, sembra enfatizzare la costitutiva autoestraniazione del medium parlante. Qui il linguaggio esprime il soggetto piuttosto che il contrario.

Gli alter ego, misteriosamente, parlano attraverso Anderson: «Lei è il mezzo che tante voci incorporee richiedono al fine di comunicare con noi il corpo temporaneo che esse assumono» (Owens).

At The Shrink /

Uno dei primi alter ego fisici di Anderson fu un'installazione del 1975 intitolata *At The Shrink*. In un angolo della Holly Solomon Gallery di New York sedeva una figurina di 20 centimetri, un minuscolo omuncolo scolpito dalla luce. Era, come la stessa Anderson lo ha definito, «un falso ologramma» (*Goldberg*, Laurie Anderson). Una minuscola proiezione cinematografica in Super-8 dell'immagine di Anderson su una scultura in argilla che era stata accuratamente stampata per conformarsi alle proporzioni della ripresa del suo corpo. Provando ad avvicinarsi, si poteva sentire la figura raccontare storie di viaggi al proprio analista. L'effetto di questo trompe-l'oeil improvvisato si sarebbe rivelato sorprendente per la sua tridimensionalità e questa impressione è rimasta immutata anche in una successiva rielaborazione presentata all'Auckland City Art Gallery, Nuova Zelanda, nel 2004.

Per la Anderson il focus di questa installazione «Era far parlare qualcun altro per me... è stato un modo di fare una performance senza essere lì» (Goldberg, Laurie Anderson).

Era un surrogato performante del corpo personale dell'artista.

Esso ripeteva all'indietro, *a pappagallo,* parole pre-registrate dal reale della Anderson.

In questa fase iniziale della sua carriera, Anderson era già famosa per l'esecuzione dell'eccentrico *one-woman spoken-word* e per le sue performance musicali proposte al pubblico in gallerie e sedi alternative a New York e in tutti gli Stati Uniti.

Ma l'idea di *At The Shrink* – fare una performance senza essere lì – fa sì che un elemento chiave della *performing art* in quanto tale viene attenuato, rimodulato con una presenza virtuale dell'artista. Dopotutto, una delle più importanti definizioni dell'immaginario performativo è quella di poggiarsi sulla presenza sia dell'interprete che del pubblico in un tempo determinato e in uno spazio particolare, sull'incarnazione dell'immediatezza dell'evento, su «gesti vivi» (*Goldberg, Performing Art*).

L'articolata definizione di Peggy Phelan è forse quella che più di ogni altra chiarisce il significato di performance:

> la vita della performance è riconoscibile unicamente nel presente: essa non può essere salvata, registrata o documentata altrimenti partecipa alla circolazione di rappresentazioni delle rappresentazioni; se questo dovesse accadere, diventa qualcosa di diverso dalla performance.

Secondo tale definizione, non si può affermare che *At The Shrink* sia stato uno spettacolo. È stato semplicemente una riproduzione di un evento precedente, inglobato di fatto in un sistema di riproduzione, con la singolarità e l'immediatezza dell'evento iniziale mitigata. La differenza tra *At The Shrink* e la registrazione di una performance cinematografica proiettata nel modo regolare è nel dispositivo del falso ologramma.

Proiettando la registrazione su una forma tridimensionale rispetto a uno schermo piatto è sottinteso che c'è uno sforzo teso ad amplificare la realtà, apparentemente attenuata, dell'immagine cinematografica.

A differenza di una proiezione cinematografica, il narratore alter ego di Anderson viene direttamente ripreso nello spazio. La figura visualizzata si incurva nelle tre dimensioni: uno spettacolo, invece che una proiezione; più presente di un'immagine bidimensionale ma meno di un solido corpo vivo.

Se il dispositivo tridimensionale di *At the Shrink* può essere letto come un tentativo di amplificare la performance del corpo dell'artista per compensare la perdita di presenza fisica dovuta all'uso dell'immagine filmica, allora ci saremmo aspettati che nelle *live performances* di Anderson non fosse stata impiegata questa amplificazione.

Dopotutto, l'esecutore è proprio lì sul palco, temporalmente e spazialmente co-estensivo con il pubblico. Tuttavia, come abbiamo già visto, l'uso di alter ego tecnologicamente o performativamente generato negli spettacoli di Anderson sgancia qualsiasi partecipazione sensoriale da quelle modalità che indirizzano gli eventi in maniera diretta, singolare e immediata. I surrogati performativi di Anderson – le voci sintetizzate, il manichino del suo ventriloquo, i suoi cloni video – creano un divario tra il pubblico e l'autenticità e l'immediatezza della personalità del performer. Inoltre, molte delle sue canzoni e aneddoti utilizzano questo gap come elemento di interesse sostanziale. Così, nel dispositivo *apostrofico* del brano *O, Superman*, una madre parla alla figlia assente attraverso una segreteria telefonica. In *Language is a Virus from Outer Space*, il linguaggio stesso è l'apparato tecnologico o ventriloquiale che si inserisce nella possibile connessione diretta tra artista-narratore e pubblico. Sia la forma che il contenuto delle sue performance devono fare i conti proprio con la frattura fra una richiesta di pienezza e di presenza per l'esteriorità di un sistema o di un apparato – se questo apparato esterno è quello del linguaggio o della tecnologia. Descrivendo le sempre più ampie performance di scena degli anni '70 e degli anni '80 che sarebbero diventate *United States* (1983), Craig Owens ha notato che, sebbene fosse fisicamente presente sul palco in questi spettacoli, «Anderson interrompe la fantasia della compresenza che collega l'esecutore e lo spettatore, interponendo i media elettronici tra di loro».

L'artista non agisce più direttamente per il suo pubblico ma solo attraverso un mezzo elettronico. Mentre i media letteralmente esaltano la sua presenza, contemporaneamente la denudano, quasi togliendole valore.

Il suo lavoro si estende in tal modo e amplifica la sensazione di estraneità che supera l'esecutore che si sottopone a un dispositivo meccanico o elettronico: l'attore cinematografico o l'artista di registrazione.

Su tali considerazioni, gli ausili tecnologici – la macchina da presa, la registrazione del suono – aumentano ma anche attenuano la presenza e l'immediatezza del corpo.

Le performance di Anderson – con i suoi racconti tecnologicamente densi di problemi che emergono in un mondo in cui il significato in tutte le sue forme è tecnologicamente rivelato – e in cui qualsiasi nozione di presenza performativa non mediata, è frammentaria e dispersiva.

Questa modalità di approccio all'arte, già ridefinita da Philip Auslander mediatizzazione, sembra confutare la definizione di Phelan di «performance non-circuitabile e presente a se stessa» secondo la sua affermazione di ontologia ed effimero dell'evento artistico. Tuttavia, queste tipologie di rappresentazioni diventano mediazioni, utili strumenti per interrogare e sottolineare l'oppressione di una condizione così estranea (e inevitabile), rilevando così anche l'affermativa convinzione di Phelan che qualsiasi performance catturata dalla mediazione è inevitabilmente soggetta alla legge e al Simbolico.

Potremmo dire che la causa e l'effetto di una tale frammentazione performativa, di una tale spaccatura nell'idea di immediatezza e della genesi dell'opera è proprio la produzione di doppi, alter ego o sosia.

Gli alter ego di Anderson generano una sensazione di estraneità come Owens descrive, ma potrebbero anche essere intesi come effetto di un'alienazione costitutiva che deriva dalla dipendenza del soggetto dal meccanico, dal tecnologico, oppure (in una parola) dal simbolico. Dopotutto, quando la narrazione autoreferenziale si interrompe, ciò che otteniamo sono gradazioni di diversità, doppi e sosia.

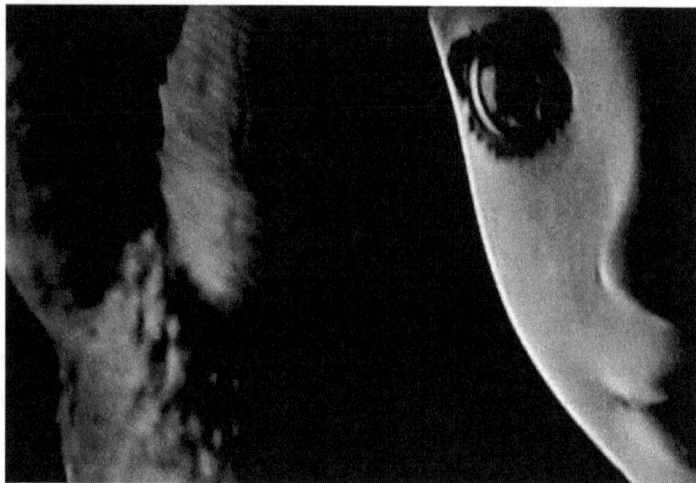

FUGA DI OLOGRAMMA /

Questo corpo non è, come prodotto in *At The Shrink*, quello di un estraneo esecutore sottomesso a un apparato tecnologico che si vuole discutere ma, tuttavia, di un'altra figura che cristallizza in modo notevole la relazione dell'alternanza tecnologica e simbolica nella soggettività. Nel 1998, ventiquattro anni dopo *At The Shrink*, Anderson ripeteva l'impiego del falso ologramma in una nuova installazione ma con alcune differenze. Per prima cosa, la figura proiettata era ormai a grandezza naturale. Per altro, la proiezione in questo caso non era quello di una pellicola ma di una trasmissione televisiva via cavo. Così, dove *At The Shrink* era temporaneamente distanziato, nel senso che si trattava di una registrazione cinematografica – un evento riprodotto meccanicamente e quindi ritardato, che suonava dopo la costruzione in studio dell'evento stesso – quest'ultimo lavoro, *Dal Vivo*, chiudeva quel vuoto lasciato sospeso nel tempo. Il titolo, *Dal Vivo*, volutamente in italiano che sta per *Live* (come in "trasmissione televisiva in diretta"), viene giocato sui molteplici significati della parola: realistica, a grandezza naturale, in diretta. Anche *ergastolo*. Per il soggetto di questo falso ologramma non si è proposta la stessa Anderson questa volta, ma – con una scelta straordinaria e significativa – un detenuto in un carcere di massima sicurezza, condannato per omicidio aggravato, tra gli altri crimini, e condannato a rimanere lì per il resto della sua vita.

«Una telecamera ha raccolto l'immagine di un uomo seduto nella sua cella nel carcere di San Vittore a diversi chilometri di distanza e l'ha trasmessa nello spazio espositivo, opportunamente oscurato, della Fondazione Prada di Milano, dove viene installata l'opera. Il prigioniero, Santino Stefanini, interpreta la sua partecipazione all'installazione come *fuga virtuale* (e in effetti viene selezionato, fra tutti i candidati alla sua opera, almeno in parte, per il semplice motivo di essere la persona più adatta a rappresentare il concept installativo di *fuga virtuale*)» (Anderson, *Some Backgrounds* 31).

L'evento, presentato nella galleria, coinvolge il pubblico in modo strano e inquietante. Tale effetto è inevitabile se si osserva una figura umana immobile, decorporalizzata e scomposta attraverso linee di scansione luccicanti, ma che esprime tutte le contrazioni dovute al tempo e i movimenti involontari e reali conseguenza delle ore di immobilità richieste stando costantemente seduti. Un tribunale avrebbe giudicato la presenza di questo individuo non opportuna socialmente ma ora stava lì, apparentemente rientrato, solo inviando un sostituto elettronico innocuo, un doppio, incapace di ulteriori trasgressioni. Germano Celant, nella monografia pubblicata per accompagnare la mostra, descrive questo spettacolo come un'apparizione «meravigliosa e terrificante».

Perché questa misteriosa figura elettronica? Perché così meravigliosa e terrificante? La domanda può sembrare superflua data la forza immediatamente evidente dell'installazione, ma è proprio l'evidenza di questo risultato che ci spinge a un approfondimento, al fine di destrutturare il suo effetto.

Dopotutto, la logica tecnologica di *Dal Vivo* è semplicemente paragonabile, più o meno, all'uso ordinario della televisione in diretta. In quest'ultimo lavoro, come abbiamo già visto, parte della stranezza della figura proiettata deriva dalla sua idea folgorante di rappresentarla in tre dimensioni utilizzando il falso dispositivo ologramma. Così anche con *Dal Vivo* l'immagine viene proiettata su una statua di terracotta per amplificare la sensazione di presenza corporea. Ma con l'aggiunta di una maggiore dimensione e di vitalità, ottenendo la sensazione di presenza e di immediatezza dell'immagine perché doppiamente amplificata. La base tecnologica di *Dal Vivo* può apparire come un semplice artificio televisivo ma, nella combinazione di vitalità unita alla trama materica, è un'esagerazione della televisione. Esagera il potere dell'immagine televisiva nel produrre corpi che sono, per così dire, in due posti contemporaneamente. In contrasto però con la piattezza dello scorrere visivo di regolari immagini costruite da tubi catodici, questa presenza è solida, tangibile, a grandezza naturale. La fisicità del corpo reale è sottolineata simulando altrove la sua capacità di occupare spazio. Così, certamente con più risultati di *At The Shrink*, in questo lavoro successivo l'artista crea l'artificio di una doppia presenza. È letteralmente una proiezione, nel senso di qualcosa spinta fuori, alla maniera di un ventriloquo che lancia la sua voce in un burattino in modo che qualcosa diventa ciò che non è ma potrebbe essere. È in entrambi i posti contemporaneamente.

Ma se *Dal Vivo* esagera tanto la rilevanza di un corpo televisivo e lo raddoppia nello spazio, l'installazione può, anche troppo facilmente, essere letta come l'opposto: una moltiplicazione di assenze.

HOME OF THE BRAVE /

> Era da molto tempo che volevo fondere in
> uno stesso spettacolo suono, immagine e azio-
> ne... L'ispirazione mi è venuta guardando una
> retrospettiva del lavoro di Oskar Schlemmer,
> direttore della scuola del Bauhaus.

Con questa dichiarazione sulle origini dell'idea di
Home of The Brave del 1986, la sua opera più impegna-
tiva e riuscita anche dal punto di vista musicale, Laurie
Anderson si presenta già in modo molto preciso: è musicista, performer ma, soprattutto, cultrice dell'arte e in
particolare di quei movimenti d'avanguardia interessati
alla collaborazione fra diverse discipline.

Il termine "spettacolo multimediale", per quanto
oramai abusato, è però quello esatto per descrivere questo concerto in cui si usano immagini proiettate statiche
e in movimento, *gag* teatrali, monologhi, interfacce che
permettono all'artista newyorkese di suonare con il proprio corpo o di rendere luminose le mani e addirittura i
denti, maschere, cambi di costumi. Performance in cui
i musicisti danzano con i propri strumenti, telefonate
in diretta e via dicendo.

A osservarlo oggi, *Home of the Brave* è una vera e
propria fucina di idee sulla multimedialità applicata alla
musica dal vivo e, instancabilmente, Laurie Anderson
riesce a produrre e a dirigere un film di documentazione
del tour dallo stesso titolo. Lo spettacolo è un'orchestra-
zione precisa e maniacale delle luci, del movimento dei
musicisti, delle immagini, dei momenti parlati o recitati
e dei momenti suonati: la documentazione restituisce

l'idea di una macchina perfetta dove niente è lasciato all'improvvisazione. Eppure, nonostante il tipo di musica e la quantità di tecnologie impegnate, ingenti per l'epoca, *Home of the Brave* non è uno spettacolo freddo, anzi, più di una volta risulta lirico ed emozionale.

Alcuni momenti di interazione fra musica e immagini sono particolarmente riusciti, come quando Laurie Anderson, in piedi con le braccia tese su una pedana rotante, urla ritmicamente mentre sullo sfondo scorrono le immagini di un'enorme antenna parabolica che gira su se stessa seguendo il movimento della performer.

In un altro punto l'artista newyorkese recita un monologo in cui cita la scena di un film di Fassbinder: un uomo ragiona sul significato possibile dei fiori e lentamente sullo schermo si forma l'immagine stilizzata di una figura umana che corre, mentre Laurie si trasforma in una sagoma di se stessa che tenta di offrire un fiore alla silhouette in fuga.

Anche i musicisti diventano performer: il chitarrista Adrian Belew e il percussionista David Van Tieghem duettano uno di fronte all'altro usando i loro strumenti nei modi più strani possibili, mentre sullo sfondo compaiono icone semplici, simili alle immagini di Keith Haring, che traducono in immagini i suoni che i due stanno producendo coi loro strumenti.

Ovviamente, non tutto lo spettacolo è condotto con queste atmosfere, se vogliamo, colte e suggestive; il tono generale cambia in continuazione, si tratta di un concerto in cui si ride anche e in cui compaiono testimonial d'eccezione come William Burroughs, che recita alcuni brevi monologhi e danza insieme a Laurie Anderson.

\ **Esperienze**: Maurizio Chiantone

La Poetica di Skēnè | Making Of /

Quest'opera si misura col ferro, più precisamente con tubi innocenti non dismessi e arrugginiti, ma tesi, lucenti, vibranti, impilati a strutturare colonne più simili a bambù scolpiti dal vento che rigidi strumenti realizzati per il disegno di un volume utile. Servi delle costruzioni di edifici, diventano protagonisti essi stessi, elementi architettonici che ben si collocano in ambito post moderno e new mediale.

Disposti lungo un percorso che richiama i due lati di un triangolo immaginario, che sembra culminare in un punto preciso nello spazio, i segmenti di metallo nero, intrecciato con ganci basculanti e giunti fissi e mobili, si incrociano, orizzontali e verticali, sovrapponendosi, inseguendo direzioni inverse, tangenti oblique e asimmetriche, proiezioni verso possibili mete, destinazioni potenziali, zone d'ombra o spazi d'incontro inaspettati, vettori sonici del dialogo muto tra il fruitore (emittente e recettore), l'oggetto nello spazio (fisico, estetico, metaforico) e l'artista (sacerdote, ricercatore, medium).

L'acciaio si dispiega solenne a formare una griglia-matrice, un altare ritualistico disposto alla cerimonia: un oggetto totemico e materico, connettore pronto a captare e rivelare.

Ispirata proprio alle moderne geometrie della società tecnologica, densa di contrapposizioni, di pesi sbilanciati, di strappi improvvisi, di tensioni e rilassamenti, l'installazione – attraversata da fili d'acciaio armonico come un ordito tessuto da mani abili e imponenti – è un omaggio all'architettura organica e al conflittuale rapporto tra uomo e natura.

Dadi e bulloni incastonati si accostano a croci e ingranaggi raccordati all'apice e ai piedi delle sezioni metalliche ad assumere la parvenza di barre risuonatrici o alberi maestri di navi di civiltà protostoriche. In un'atmosfera silenziosa carica di pathos e spiritualità. Come un'immagine anacronistica, distopica e post-apocalittica che ci riporta all'età del ferro. Una scultura di metallo, esile ma imponente, alta quattro metri per cinque.

Ben 11 tubi d'acciaio sono stati necessari per realizzare l'evento installativo all'interno del Conservatorio di Musica di Benevento a luglio 2017.

Per questa pièce, il metallo non è stato ricercato soltanto per le sue peculiarità ma anche perché simbolo di un recupero culturale di un oggetto estraneo all'opera d'arte e forse superfluo; questa possibile prospettiva aggiungeva un ulteriore significato all'opera: il rapporto tra uomo e natura, tra scarto e riuso; come una sottolineatura, l'avvertimento che le macerie della modernità, intesa come abbandoni incessanti di prodotti ancora utili, ma superati tecnologicamente o per esigenze del mercato, lasciano tracce crescenti intorno a noi; diventa compito dell'artista raccoglierle e riciclarle culturalmente, metterle insieme, esprimendo giudizi che restano.

Percepire ciò che ci circonda ci induce allo studio e alla ricerca per cui i mezzi indagatori si evolvono continuamente. Disarticolare l'azione che esprime il prodotto artistico contribuisce a esplorare quei coni d'ombra che si creano attraverso i processi conoscitivi canonici. È sperimentazione ciò che esplora l'invisibile. (Giovanni Battimiello)

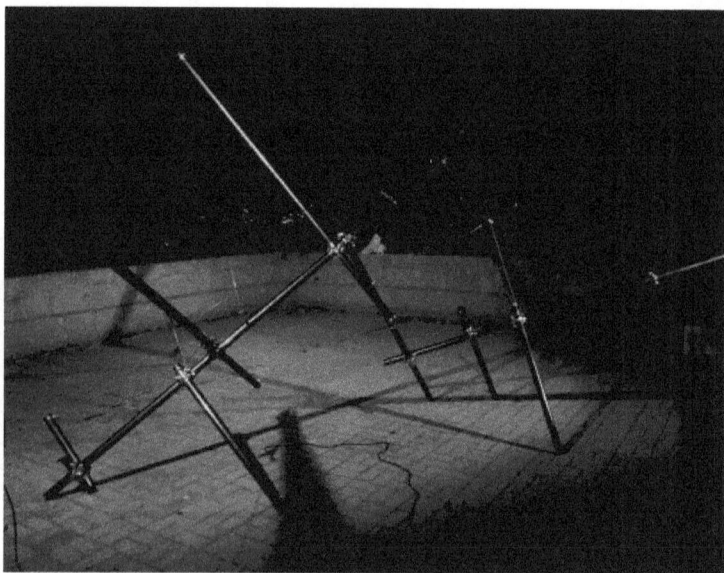

Scultura Sonora /

L'azione performativa è stata proposta all'interno di una scena incubata nello spazio. L'oggetto nell'oggetto.

Il disegno strutturale ed estetico, così creato, si è trasformato in un *framework*, una finestra casuale, evanescente, una griglia-matrice operativa che ha avuto (e avrà) lo scopo di definire il punto di contatto tra il fruitore e l'apparizione sonica. L'oggetto-medium diventa così il portale d'accesso, un ingresso fisico a un universo sonoro intangibile ma percettibile che si trasforma attraverso la libera interpretazione del fruitore che lo riscrive acusticamente e semanticamente. Lo spazio fisico che ospita l'evento diventa un crocevia di opportunità, di incontro con i possibili significati e con le potenzialità connesse alla produzione sonora, uno spazio cioè di riflessione sul suono e sul nostro rapporto con esso, che non è e non sarà mai un risultato finale come quello richiesto da una composizione chiusa, ma un *work in progress* dinamico, arricchito dal naturale contributo sensoriale ed emotivo del pubblico.

Nella sua discontinuità e nei vuoti costituiti dagli interstizi determinati dalle confluenze dei segmenti di acciaio, l'oggetto si relaziona con l'esterno e con la sensibilità percettiva dell'interprete, del ricevente, del pubblico.

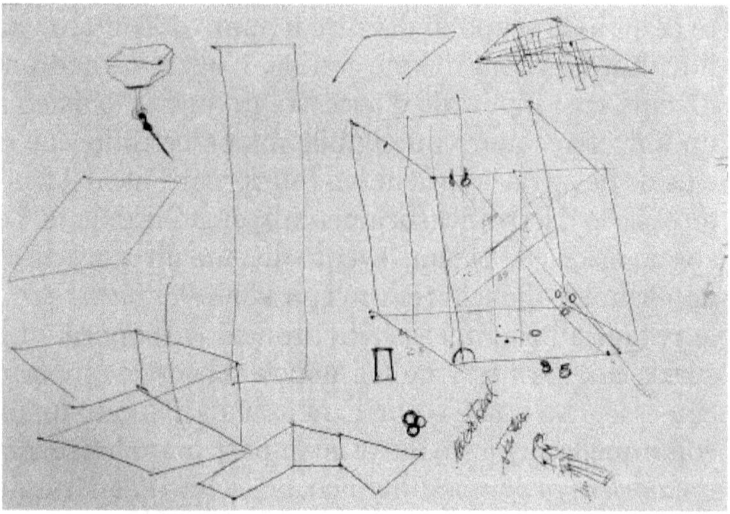

SITE SPECIFIC /

L'allestimento della struttura è stato regolato e modellato allo spazio, con lo spazio.

Sulla struttura, formata da 11 tubi innocenti di altezze differenti da 1mt a 4mt, sono stati tesi fili d'acciaio armonico e poggiati su ponticelli in alluminio sagomato realizzati per l'opera. La tensione ricavata ha determinato per ogni corda una perfetta condizione di potenziale sollecitazione e di conseguente vibrazione regolata, secondo specifici parametri di processamento del suono, da interventi di sintesi additiva/sottrattiva gestita via software.

Le corde sono state distribuite in posizioni differenti in base allo spessore variabile di ognuna dai 2mm a 0,4mm, in modo da poter essere sollecitate/percosse/sfregate in qualsiasi punto dell'asse costituito.

La vibrazione di ogni singolo cavo è stata catturata attraverso una microfonazione diretta, individuale, dinamica con sensori pick-up piezoelettrici e pre/amplificati via interfaccia audio 7+1; elaborata all'interno del software della workstation audio e processata secondo parametri scelti e volti alla corretta rappresentazione del suono; riproiettata successivamente per l'ascolto attraverso l'interfaccia audio, a 8 speaker posizionati nello spazio di rappresentazione secondo parametri acusmatici.

L'azione performativa è stata curata dall'autore e rappresentata in collaborazione con Diego Watzke: ballerino, coreografo e regista.

FLUSSI /

Tu mi dipingi con il colore della neve che nasconde il seme.
Muscoli e nervi vibrano forti di fuori mentre il corpo a riposo addolcisce il canto.
Oscillo lento come onde profonde che attraversano i muri e le corti e i campi di grano e le valli.
Osservo lo spazio, leggero.
E ascolto con gli occhi di un uccello in volo.
Tanto rumore nascosto sotto la pelle, riflette chiaro il sudore del mondo.
Scorro rotaie, batto porte, sfilo cerniere, mormorii e parole sussurrate, ticchettii di pioggia, suonerie insistenti, passi rapidi, carezze d'amanti, motori bollenti, fruscio di carta, guizzi misteriosi, rombi lontani, suoni su suoni che si mescolano a suoni, che producono suoni.
Mille, milioni d'altri suoni.
Flussi invisibili, indivisibili, che toccano l'anima però.
Fiumi animati e subliminali. Cantano torrenti.
Gridano cascando incuranti delle rovine, d'antiche vestigia, di civiltà millenarie e di terre morte e rinate, scorrono incessanti, in un mondo che finirà certamente ma senza perire nell'eterno infinito.
Mai.

Maurizio Chiantone

Ringraziamenti | Skēnè /

Giovanni Battimiello | pittore\scultore\designer

Giosuè Grassia | compositore\coordinamento

Peppe Buonanno | BAD (Bunker Art Division) | design\strutture\supporto

Enrico Pofi | visual shoot

Diego Watzke | ballerino\coreografo\regista

Bibliografia /

R. Barthes, *Système de la Mode*, Seuil, Paris, 1967; trad. it., *Sistema della Moda*, Einaudi, Torino, 1970

R. Barthes, *L'empire des signes*, Skira, Paris, 1970; trad. it., *L'impero dei segni*, Einaudi, Torino, 2002

R. O. Benenzon, *Manuale di musicoterapia. Contributo alla conoscenza del contesto non-verbale*, Collana Ricerche sull'esistenza umana, a cura di M. E. D'Ulisse, traduttori: A. Castellotti, L. Huberman, A. Zucconi, Editore Borla, 2005

W. Benjamin, *Illuminations*, New York: Harcourt Brace and World, 1968

I. Bent, W. Drabkin, *Analisi musicale*, trad. it. di A. Bruni, P. Ferella, F. Vacca, EDT, Torino, 1998

R. Bogue, *Deleuze on Music, Painting, and the Arts*, Routledge, London, 2003

M. Bois, *Iannis Xenakis: The Man and His Music*, Boosey and Hawkes, London, First published in French in 1966

N. Bourriaud, *Esthétique relationelle*, Presses du Réel, Paris-Dijon, 1998

N. Bourriaud, *Post Production. La culture comme scénario: comment l'art reprogramme le monde con-*

temporain, PRESSES DU RÉEL, PARIS- DIJON, 2002. trad. it. *Post production. Come l'arte riprogramma il mondo*, Postmedia, Milano, 2004

C. CARDEW, *Stockhausen Serves Imperialsim*, Latimer New Dimensions Limited, London, 1974

F. CASETTI, F. DI CHIO, *L'analisi del film*, Bompiani, Milano, 1990

F. CASETTI, *L'occhio del Novecento*, Bompiani, Milano, 2005

B. CHATWIN, *Le Vie dei Canti*, trad. di S. GARIGLIO, Biblioteca Adelphi, 1988

L. CHESSA, *Luigi Russolo, futurist: noise, visual arts, and the occult*, The Regents of the University of California, London, 2012

M. CHION, G. RIBEL, *Les Musique Électroacoustiques*, INA GRM Edisud, Aix-en-Provence, 1976

C. COX, D. WARNER, *Audio Culture, Readings Modern Music*, Bloomsbury USA Academic 2004

A. CREMASCHI, F. GIOMI, *Rumore bianco*, Zanichelli, Bologna, 2008

R. DALMONTE, *Luciano Berio, Intervista Sulla Musica*, in *Andrea Cremaschi and Francesco Giomi*, Laterza, Roma-Bari, 1981

N. De Oliveira, N. Oxley, M. Petry, *Installation Art in the New Millennium: The Empire of the Senses*, Thames & Hudson, London, 2003

M. Del Duca, *Musica Digitale*, Muzzio Editore 1987

T. DeLio, (1980). The Dialectics of Structure and Materials: Iannis Xenakis' *Nomos Alpha. Journal of Music Theory*, 24, no. 1:63–96

A. Di Scipio, *Pensare le tecnologie del suono e della musica*, Editoriale Scientifica, Napoli, 2013

L. C. Dunn, N. A. Jones, *Embodied Voices: Representing Female Vocality in Western Culture*, Cambridge University Press, Cambridge and New York, 1994

N. Dusi, L. Spaziante, *Remix-Remake. Pratiche di replicabilità*, Meltemi, Roma, 2006

E. Eisenberg, *The Recording Angel: Music, Records and Culture from Aristotle to Zappa*, 2nd edn, New Haven, CT, Yale University Press, 2005

S. Emmerson, *The Language of Electroacoustic Music*, Macmillan, Basingstoke, 1986

S. Emmerson, *Living Electronic Music*, Ashgate, Aldershot, 2007

P. Fabbri, *La svolta semiotica*, Laterza, Roma-Bari, 1998

P. Fabbri, *Parole, forme e tracce storiche*, in "Rivista italiana della comunicazione pubblica", colloquio con E. Lio, Franco Angeli, Milano, 1999

M. Ferraresi, *Spazi e non spazi: le articolazioni della consumosfera*, in *Marrone*, a cura di Pezzini, 2006

A. Frova, *Armonia celeste e Dodecafonia*, RCS, Milano, 2006

F. Galante, N. Sani, *Musica Espansa, Le Sfere*, Casa Ricordi, Milano, 2000

A. Gentilucci, *Introduzione alla Musica Elettronica*, Feltrinelli, Milano, 1982

H. Gerhards, *Chroniques xénakiennes. In Regards sur Iannis Xenakis, edited*, 79–88. Paris: Stock

T. Gibbs, *The Fundamentals of Sonic Art & Sound Design*, AVA Publishing SA, London, 2007

M. Goldsmith, *DISCORD – The story of Noise*, USA, OUP Oxford, 2012

M. Hammad, *Lire l'espace, comprendre l'architecture*, Puf, Paris, 2001; trad. it. *Leggere lo spazio, comprendere l'architettura*, Meltemi, Roma, 2003

J. Harley, *Xenakis His Life in Music*, Routledge, New York, 2004

M. Hartmann William, *Principles of Musical Acoustics*, Springer, New York, 2013

N. HEINICH, *Le triple jeu de l'art contemporain*, Editions de Minuit, Paris, 1998

N. HEINICH, *Per porre fine alla polemica sull'arte contemporanea*, in Nancy, J.-L., 2007

G. DIDI-HUBERMAN, N. HEINICH, J.-C. BAILLY, *Del contemporaneo. Saggi su arte e tempo*, a cura di F. FERRARI, Bruno Mondadori, Milano, 2007

J. JOYCE, *Ulysses*, Secker & Warburg, London, 1994

D. KAHN, *NOISE, Water, Meat – A History of Sound in the Arts*, MIT press, Massachusets, 1999

A. KIRBY, *Digimodernism*, Continuum International Publishing Group Inc, New York, 2009

A. LUCIER, D. SIMON, *Chambers: Scores*, 1ST EDN, Wesleyan University Press, Middletown, CT, 1980

A. LUCIER, *Music 109 (Notes on Experimental Music)*, Wesleyan University Press, 2012

L. MARIN, *De la représentation*, Gallimard-Seuil, Paris, 1994; trad. it. *Della rappresentazione*, a cura di L. CORRAIN, Meltemi, Roma, 2001

G. MARRONE, *Corpi sociali. Processi comunicativi e semiotica del testo*, Einaudi, Torino, 2001

G. MARRONE, *Senso e metropoli. Per una semiotica posturbana*, a cura di I. PEZZINI, Meltemi, Roma, 2006

Y. MIRIAMA, *Singing the Body Electric: The Human Voice and Sound Technology*, Ashgate Publishing Limited, England, 2015

A. MOLES, *Teoria dell'informazione e percezione estetica*, [...], Lerici Editore, 1969

P. PELLEGRINO, E. P. JEANNERET, 2006, *Il senso delle forme urbane*, in MARRONE, a cura di I. PEZZINI, 2006

I. PEZZINI, *Visioni di città e monumenti logo*, in MARRONE, a cura di I. PEZZINI, 2006

J. R. PIERCE, *La Scienza del Suono*, Zanichelli Editore, Bologna, 1987

L. PISANO, *Nuove Geografie del Suono – Spazi e territori nell'epoca postdigitale*, Meltemi Linee, Roma, 2017

S. PIVATO, *Il secolo del rumore. Il paesaggio sonoro nel Novecento*, Il Mulino, Bologna, 2011

E. PRIEST, *Boring Formless Nonsense (Experimental Music and the Aesthetics of Failure)*, Bloomsbury Publishing Plc, New York, 2013

M. RECALCATI, *Il miracolo della forma. Per un'estetica psicoa-nalitica*, Bruno Mondadori, Milano, 2007

E. RESTAGNO, *Un'autobiografia dell'autore raccontata da Enzo Restagno*, in *Xenakis*, MICROSOUND. CAMBRIDGE, MASS.: MIT PRESS. EDITED BY E. RESTAGNO, *3–70*. TORINO: EDT Edizioni Roads, Curtis (2001)

H. W. SAMS, *Commodore 64 Programmer's Reference Guide*, Commodore Business Machines, third printing, 1983

M. SCHNEIDER, *Il significato della musica*, Rusconi, Milano, 1970

M. SCHNEIDER, *La musica primitiva*, Adelphi, Milano, 1973

M. SCHNEIDER, *Studi su tre chiostri catalani di stile romanico*, Arché, Milano, 1976

C. LÉVI-STRAUSS, *Mitologica II. Dal miele alle ceneri*, trad. di A. BONOMI, *Il Saggiatore*, 1970

H. VON HELMHOLTZ, *On the Sensations of Tone as a Physiological Basis for the Theory of Music*, 2nd English edition, New York: Dover Publications, 1885

R. M. SCHAFER., *Il paesaggio sonoro*, *Casa Ricordi*, Le Sfere, Milano, 1998

P. SCHAEFFER, *Traité des objets musicaux: essai inter-disciplines*, Éditions du Seuil, Paris, 1981

T. TAKEMITSU, *Confronting silence: selected writings/ Toru Takemitsu; translated and edited by Yoshiko Kakudo and Glenn Glasow; with a foreword by Seiji Ozawa*, Fallen Leaf Press, Berkeley, California, 1995

I. XENAKIS, *Formalized Music*, Pendragon Press, New York, 1992

www.ingramcontent.com/pod-product-compliance
Lightning Source LLC
LaVergne TN
LVHW041156080426
835511LV00006B/623